老子 著

钱宁 重编

新道德经

生活·读书·新知 三联书店

Copyright © 2024 by SDX Joint Publishing Company.
All Rights Reserved.

本作品版权由生活·读书·新知三联书店所有。
未经许可，不得翻印。

图书在版编目（CIP）数据

新道德经 /（春秋）老子著；钱宁重编. —北京：
生活·读书·新知三联书店, 2024.5
ISBN 978-7-108-07782-0

Ⅰ.①新… Ⅱ.①老… ②钱… Ⅲ.①《道德经》－
研究 Ⅳ.① B223.15

中国国家版本馆 CIP 数据核字 (2024) 第 032464 号

责任编辑		李静韬
装帧设计		赵　欣
责任校对		张　睿
责任印制		卢　岳
出版发行		生活·讀書·新知 三联书店
		（北京市东城区美术馆东街 22 号 100010）
网　　址		www.sdxjpc.com
经　　销		新华书店
制　　作		北京金舵手世纪图文设计有限公司
印　　刷		河北品睿印刷有限公司
版　　次		2024 年 5 月北京第 1 版
		2024 年 5 月北京第 1 次印刷
开　　本		880 毫米 × 1230 毫米　1/32　印张 7.25
字　　数		140 千字
印　　数		0,001－5,000 册
定　　价		56.00 元

（印装查询：01064002715；邮购查询：01084010542）

目 录

序言　重构《道德经》 ·· 1

道　编

道为何物？虽不可言说，却是存在之物。道有两种状态："无名"初始之态和"有名"成形之态。两种状态的转化，取决于人的生命意识的出现。《道编》重点在于如何"观"无法感知的"无名"之妙。怎样"执"隐于"有名"之象中的道。老子论道之时，也在思考"人应何为"。因此，每章之中，多有双层论述，先论道，再论德，反之亦然。

一、道之总纲 ··· 9

全书第一章，是道之总纲，其论述的要点，包含《道编》所有重要命题：道之不可言说，道有两态，道生天地万物，道是众玄之源。

二、道有两态 ··· 12

道之为物，先天地生，始于"无名"之态，成于"有名"之态。人法地，地法天，天法道，道法自然。

三、观"无名"之妙 ·················· 18
　　道的"无名"初始之态，不可感知，但可"玄览"。一条路径，四个关口：自今及古，闭塞感官，弃智绝学，归根守静。
　　（一）自今及古 ··················· 18
　　（二）闭塞感官 ··················· 20
　　（三）弃智绝学 ··················· 25
　　（四）归根守静 ··················· 29

四、执"有名"之象 ·················· 33
　　道，由"无名"初始之态转入"有名"成形之态，"无物之象"开始显现，道隐象中。
　　（一）象中有道 ··················· 33
　　（二）正反相成 ··················· 35
　　（三）以无为用 ··················· 37
　　（四）柔水至坚 ··················· 38
　　（五）居下不争 ··················· 40
　　（六）大成若缺 ··················· 41
　　（七）曲全枉直 ··················· 43
　　（八）久而不恒 ··················· 44

五、道，玄妙之源 ·················· 46
　　道，一切的本源和终极，有生于无，循环往复。

德　编

　　《道编》讨论"道是何物",《德编》阐述"人应何为"。德由道生,而分上下。上下之分,区别在于"无为"还是"为之"。关键是"有以为",还是"无以为",即是否有"有求之心"。失道而后德,失德而后才有仁、义、忠、信。《德编》主要内容分为三个部分:一是讲圣人的处世和示范,二是对君王的引导和劝诫,三是对民众的教导和警示。

一、德之总纲·································· 55
德之总纲,论述了德与道,上德与下德,德与仁、义、礼之间的关系。

二、德由道生·································· 58
德出于道,德贵源于道尊。

三、德分上下,人以德分·················· 64
有道上德,失道下德。上士上德,下士失德。

四、圣人的天下式··························· 71
圣人们处世行事,有一整套"天下式"。
（一）厚德之人······························ 71
（二）处世不争······························ 77
（三）知雄守雌······························ 79
（四）无为无不为··························· 82

（五）上善之善 …………………………………… 86
　（六）小德小用，大德大用 ……………………… 89
　（七）圣人无私 …………………………………… 91
　（八）我有三宝 …………………………………… 96

五、君王的统治术 ………………………………… 99
　大道如此，君王何为？这里有对君王的引导、劝诫和警告。文中多用"君王"，一些地方偶用"圣人"，所指亦是君王。
　（一）得一者，得天下 …………………………… 99
　（二）如何无为之治 ……………………………… 103
　（三）民可愚之 …………………………………… 110
　（四）取天道，不取人道 ………………………… 118
　（五）以不争而争之 ……………………………… 123
　（六）欲夺先予 …………………………………… 131
　（七）祸福相依 …………………………………… 132
　（八）长久之道 …………………………………… 135
　（九）民困勿迫 …………………………………… 140
　（十）兵事必慎 …………………………………… 145
　（十一）我为君王忧 ……………………………… 152

六、民众的生存策 ………………………………… 156
　民众如何自保？这里有教导，也有提醒。所谓"民"，不仅指百姓，还包括士族，君王之下，皆为民。

（一）道佑善者，亦佑不善者······ 156
（二）大患若身······ 158
（三）趋生避死······ 162
（四）做人做事······ 167
（五）小国寡民······ 170

七、终章······ 173
一位崇道者的困惑、孤独和坚守。

参考书目······ 179

附　录

附录一
《新道德经》正文······ 182

附录二
《道德经》（王弼本）······ 205

序言　重构《道德经》

一

《新道德经》是重构的《道德经》，五千言一字不少，但文本全新。重构《道德经》的意义何在？在此，先做说明。

《道德经》具有双层论述的特点，一章之内，常先论"道为何物"，再说"人应如何"。前段论述主题，后段加以引申和阐发，中间多以"故"字或"是以"提引，偶尔也以"吾"或"我"为主语，直接叙述。检索全文，作为连接词，"故"字一共出现53次，"是以"35次；作为主语，"吾"出现19次，"我"16次。有些章节，论述更是可至多层。

重构《道德经》的想法，始于阅读时的一点发现：全书有不少"错层"现象。所谓"错层"，就全书而言，是《道编》论德，《德编》论道；就每章而言，是分论两事，主题并不同一，或者，前段所论与后段引申，没有直接关联。

这种"错层"现象,是造成今本《道德经》艰涩难懂的原因之一。同时,这也提示我们,有些章节的前后文字,可能并非形成于一时或同出一章,而有历史性的叠加、错置。

二

今本《道德经》分《道》《德》两编,共81章,基本成形于汉代,其"错层"现象的产生,有着两大历史原因。

其一,今本《道德经》81章为汉代人所分,且分得相当随意。历代《道德经》注本众多,其中以曹魏时期王弼的《老子道德经注》为最佳。据宋人记载,"古本"王弼注,不分道上德下,亦无81章。1973年冬,在湖南长沙马王堆出土的帛书《老子》(甲、乙本),可能是比较接近《老子》一书原貌的抄本,虽分德、道两部,却并不分章。1993年出土的郭店楚简《老子》,年代更早,但竹简散乱,文字残损,难睹全貌,不过仍可看出,其书不分道、德两编,也无类似今本的分章。《道德经》分为81章,应是汉代之事。河上公注本已有81章,且加上篇目,后来传世的王弼注本,也有81章,显然是后人所加。

其二,由于成书过程复杂,加上传抄之误、后人增改,今本《道德经》有不少乱简、错简和重简。以64章为例,一章有四个主题，互不相关，有乱简，又有重简和错简，可谓集"乱简""错简""重简"于一章。由此可见，"错层"现象，不仅事出有因，也查有实据。

总之，今本《道德经》分为81章，非老子本意，而其中乱简、错简和重简，更非《老子》原貌。因此，如今重构，不算"妄作"。

三

重构，是以老子对道的推演过程为主线，重构全书。事实上，老子在《道德经》中对道的表述，相当清楚明白——道的存在、道的状态、道的变化、道的不可感知、道生天地万物、道对人的主宰、道与德的关系……层层递进，主题贯穿，只是这条主线散见于各章，或隐或显。

重构的任务，是重组各章，使其在新的文本结构中各归其位；每章之内，重置"错层"，使其主题相同，所论相关。

重构后的《新道德经》共95章，仍分道、德两编，论道之章归《道编》，论德之章归《德编》。

《道编》以"道分两态"为框架，即"无名"初始之态和"有名"成形之态，重点探讨人如何能玄览神游"无名"之妙，以及怎样在"有名"之态中观象悟道。

《德编》以"德分上下"为引导,讨论上德和下德,重点是讲圣人、君王和民众,各有其德,应该如何处世和行事。

四

几个重要问题的说明:

1. 版本。重构以王弼《老子道德经注》为主本,其文字与他本相异或有疑义的,以《老子》帛书本为主要参校,酌定取舍,并在注释中一一标明。

2. 文本。重构遵循对《道德经》原文"不增不删"的原则,全文存录,不增一句,不删一句,只做章节次序的调整和文字段落的分置。这里,有些字词需要特别说明一下:一是"恒道",王弼本及各传世本都作"常道",是因汉代避文帝刘恒讳,"恒"字被改为"常"字,现据帛书本恢复为"恒"。二是虚词"也"字,王弼本为求对偶和合韵,删去原文中一些"也"字,但"也"字对断句和解读有重要意义,也据帛书本适当恢复。

3. 注解。本书对《道德经》的注释和解读,注重原文字句本义的呈现,不详引历代注家之说。实际上,重构本身就是一种结构性注解,在新的文本结构中,老子思想脉络变得清晰可见,一些疑难文字和不顺之句,也有了更好的解读和判断依据。至于老子学说的对错深浅,以及思想的进一步阐发,不是本书的重点。

五

老子到底是谁?至今未有定论。

我愿意相信,老子就是司马迁《史记》中记载过的那位周守藏室之史,也许姓李名耳,也许被称为"老聃";可能生在楚国,也可能生在陈地。他在守藏室,守护着周王室的图册和秘籍,静观着天下风云和各国兴衰,也曾在那里接待前来问礼的孔子。

我也愿意相信,在守藏室漫长而寂静的岁月里,老子的案头,一直放着一册神秘的"古简",他日读夜思,并将自己的理解和感悟,一点点记在木牍上……直到一日,战乱突起,守藏室待不下去了,他急忙收拾行囊,带上那"古简"和笔记,匆匆离开了雒邑,一路西行,行到函谷关。

我还愿意相信,老子在函谷关留下了一部《道德经》。关令尹喜久闻其名,不肯放他走,一定要让他给众人讲一讲天下大势,并指导一下人生。老子无奈,只好违背了自己"知者不言"的守则,作了一场关于"道可道,非恒道"的讲座。据鲁迅小说《出关》的描述,那不是一次成功的讲座。老子闷闷，众人昏昏。在场的没人听得懂，演讲记录更是零散不成文，有的记下一两句箴言，有的只记下一个"吾"或"我"字。在尹喜的恳请下，老子只好将"古简"和自己的笔记整理了一下，让众人抄录留存。众人将古简、老子笔记和演讲记录，都合抄在了一起，语句有些遗漏，字词有些错误，段落有些散乱，本想请作者亲自审订一下，可是，老子已经出关，莫知其所终。

　　天地间，从此便有了一部《道德经》。

　　2500年后，重构《道德经》，是希望为读者提供一部主题彰显、条理贯通、文本可靠、释读有据的现代读本，让更多的人读懂老子。

　　书成之日，读到钱锺书《管锥编·老子王弼注》末章中的一段文字："皆如卖花担头之看桃李，要欲登楼四望，出门一笑。"借用一下，以表达自己此时的感受。

钱　宁

2022.10.2 初稿

2022.12.24 定稿

道为何物?虽不可言说,却是存在之物。道有两种状态:「无名」初始之态和「有名」成形之态。两种状态的转化,取决于人的生命意识的出现。《道编》重点在于如何「观」无法感知的「无名」之妙,怎样「执」隐于「有名」之象中的道。老子论道之时,也在思考「人应何为」。因此,每章之中,多有双层论述,先论道,再论德,反之亦然。

一、道之总纲

全书第一章,是道之总纲,其论述的要点,包含《道编》所有重要命题:道之不可言说,道有两态,道生天地万物,道是众玄之源。

1. 道,可道也,非恒道也;名,可名也,非恒名也。
   无名,天地之始也;有名,万物之母也。
   故恒无欲也,以观其妙;恒有欲也,以观其徼。
   此两者,同出而异名,同谓之玄,玄之又玄,众妙之门。

(原一章)

【注释】

恒:王弼本因避汉文帝刘恒讳,皆以"常"字替代,依帛书本恢复为"恒"字。

也：王弼本此章无"也"字，据帛书本恢复，以避免随意断句。

天地：帛书本作"万物"。"天地"一词在王弼本中多见，故保留。

恒无欲：欲，欲望，指人的生命意识。恒无欲，指道处"无名"初始之态，还没有出现人的生命意识。原三十四章亦有，"恒无欲，可名于小"（新27章*）。

以观其妙：此处的"观"，有原十章中"玄览"之意，即超出感觉经验的神游。

妙：王弼注，"妙者，微之极也"；帛书甲本作"眇"字，同"渺"，更近原意，指道之"无名"之态。

徼（jiào）：王弼注，"徼，归终也。……可以观其终物之徼也"。此处指道由混沌之状开始成形显象。

众妙："众妙"之"妙"，即"观其妙"之妙，指道的"无名"初始之态。

【译文】

道，可以言说的，不是恒久之道；名，可以指称的，不

---

* 本书中提到的《道德经》原来的章节序号以汉字书写，如"原一章""原三十四章"等；《新道德经》的章节序号，以阿拉伯数字书写，如"新1章""新27章"等。全书统一。

一、道之总纲

是恒道之名。

道之无名，是天地之始；道之有名，是万物之母。

因此，道没有人的生命意识时，可以观览其混然初始；道有了人的生命意识时，可以观察其变化成象。

这"无名"和"有名"，同出于道而名称不同，都是玄奥，是玄奥中的玄奥，是众玄之门。

【评述】

本章是道之总纲，有四个要点：

1） 道，不可言说。不仅不可言说，也无法看见，无法听到，无法触碰。

2） 道有两态。始于"无名"之态，混沌无状，人类无法感知；成于"有名"之态，天地生成，人类可感可知。道之两态的变化，关键在于人的生命意识的出现，即从"恒无欲"到"恒有欲"。

3） 道，可览可观。"无名"之态可观，其"观"是"玄览"，即摒弃感觉和理智，神游道的初始阶段。"有名"之态可观，是观象明道，万物生成，千变万化，道在象中。

4） 道，即众玄之源，从"有名"到"无名"，是探寻玄奥之门。

本书《道编》正是依此四点，逐步展开，层层深入。

二、道有两态

　　道之为物,先天地生,始于"无名"之态,成于"有名"之态。人法地,地法天,天法道,道法自然。

2.　有物混成,先天地生。
　　寂兮寥兮,独立不改,周行而不殆,可以为天地母。
　　吾不知其名也,字之曰道,强为之名曰大。大曰逝,逝曰远,远曰反。
　　故道大,天大,地大,王亦大。域中有四大,而王居其一焉。
　　人法地,地法天,天法道,道法自然。

(原二十五章)

二、道有两态

【注释】

天地：王弼本作"天下"，帛书本作"天地"，据帛书本改。

反：此处有双义，一是"正反"之"反"；二是同"返"，"往返"之"返"。原四十章中的"反者，道之动"之"反"，亦可如此理解。

王：王弼本、帛书本此处均作"王"，他本有作"人"。王弼注，"天地之性人为贵，而王是人之主也"。

自然：是形容词"自然而然"之意，非名词"自然"。道生自然万物，以自身为法。

【译文】

有物浑然一体，天地出现之前就早已存在。

静寂啊！空寥啊！独自存在而无所改变，循环而行，永不停歇，可以成为天地之母。

我不知道它的名字，用"道"字来指代，再勉强以"大"来命名。"大"意味着"逝"，"逝"意味着"远"，"远"意味着"返"。

因此，道大，天大，地大，王亦大。存在的范围之中，有"四大"，王是其一。

人以地为法，地以天为法，天以道为法，只有道自存自

13

主,以自身为法。

【评述】

　　本章是对第一章的回应和引申。道,虽不可道,却先天地而存在;名,虽非恒名,亦可勉强而命名。一旦人的意识介入,用文字来定义或指称,道,便由"无名"之态转为"有名"之态。

　　道,贯穿两态,所以说,"道大,天大,地大,王亦大"。

　　人法地,地法天,天法道,都是被动地受到制约,天、地、人都受控于道。

　　道,不受任何控制,自存自主,自然而然。

　　这里,"法"不宜作"效法"或"取法"解,如果是主动"效法"或"取法",便会有选择者偏差——只会选取自己看到的或对自己有利的东西。

3. 视之不见名曰夷,听之不闻名曰希,搏之不得名曰微。此三者不可致诘,故混而为一。
其上不皦,其下不昧。绳绳不可名,复归于无物。是谓无状之状,无物之象。是谓惚恍。
迎之不见其首,随之不见其后。

二、道有两态

执今之道,以御今之有,能知古始,是谓道纪。

(原十四章)

【注释】

皦(jiǎo):明。

昧:暗。

绳绳(mǐn mǐn):绵延不绝之貌。

惚恍:即恍惚,形容道于"无名"之态时的混然之状。

执今之道:王弼本作"执古之道",帛书甲、乙本均作"执今之道",据帛书本改。以今知古,是老子的主要观点之一。王弼本四十七章注:"虽处于今,可以知古始。"亦可为证。

今之有:此处的"有",是"有名"之"有"。

道纪:尚无确解。此处"纪"字,或许可取"记录"之意,引申为变化过程。

【译文】

视而不见之物名为"夷",听而不闻之音名为"希",触而不可即的东西名为"微"。这三者,无法继续追问,因此,混然一体,成之为道。

其上不明,其下不暗。绵绵不绝,难以命名,终归于无物。只能形容为"无状之状""无物之象",只能称之为

"惚恍"。

迎面看不见其首，追随也不见其后。

掌握了道的演变，就能从今道的"有名"成形之态，推知古道的"无名"初始之态，这道的变化过程，称为"道纪"。

【评述】

本章从"道的不可言说"，进一步探讨"道的不可感知"。

道，不仅不可言说，还无法感知，夷、希、微，都是"道"的某种存在，却超出人类的感知范围，而且，无法"致诘"，即用语言也无法深究。

类似论述也见于原三十五章，"故道之出言也，淡乎其无味也，视之不足见也，听之不足闻也，用之不可既也"（新15章）。

道的"无名"之态，只能用"无状之状""无物之象"来形容，不过，仍是可以"观其妙"，路径之一，就是"以今知古"。

4. 道生一，一生二，二生三，三生万物。万物负阴而抱阳，冲气以为和。

（原四十二章）

二、道有两态

【注释】

冲：冲撞。

【译文】

道生一，一生二，二生三，三生万物。万物背阴而向阳，阴阳之气碰撞而融合，达到平和状态。

【评述】

本章描述了道由"无名"之态转化为"有名"之态的过程，也指明了天地万物出现的次序。

道生一，一即是道；一生二，二即是天地；三生万物，三，似代表"人"，古时有"天地人"三才之说，万物因人的生命意识介入而成形显象，也符合第一章中"恒有欲也，以观其徼"的论述。

本章原文后面还有一段文字："人之所恶，唯孤、寡、不谷，而王公以为称。故物或损之而益，或益之而损。人之所教，我亦教之：强梁者不得其死。吾将以为教父。"论述君王称孤逞强，似有错置，移至《德编》（新51章）。

三、观"无名"之妙

道的"无名"初始之态,不可感知,但可"玄览"。一条路径,四个关口:自今及古,闭塞感官,弃智绝学,归根守静。

(一)自今及古

5. 道之为物,惟恍惟惚。
   惚兮恍兮,其中有象;恍兮惚兮,其中有物。
   窈兮冥兮,其中有精;其精甚真,其中有信。
   自今及古,其名不去,以阅众甫。
   吾何以知众甫之状哉?以此。

(原二十一章)

三、观"无名"之妙

【注释】

恍、惚：朦胧模糊之状。王弼注，"无形不系"。

窈、冥：幽深。王弼注，"深远而不可得而见"。

其中有精：精，精华。此句在形容无中生有的过程。

自今及古：王弼本作"自古及今"，帛书甲、乙本均作"自今及古"，据帛书本改。

众甫：词义难解，有释为"众父"。王弼注，"物之始也"。

【译文】

道，作为存在之物，恍恍惚惚。

恍啊惚啊，其中似乎有象；惚啊恍啊，其中似乎有物。

幽深啊，其中似有精华孕育；这精华至真至实，可验可信。

从今及古，是从道的"有名"之态，推知其"无名"之态。

我为什么能了解道的初始状态呢？正是以此方法。

【评述】

道是存在的，其"无名"之态，虽不可被人感知，却并非虚空，这一点不同于佛家之"空"。

道由"无名"之态转化为"有名"之态，正是"无中生有"的过程。

以今知古，是从今之"有名"之态，去观古之"无名"之态。

如何"观"？下面几章提出了具体方法。

本章原文首句为"孔德之容，惟道是从"，属论德之语，移至《德编》（新31章）。

（二）闭塞感官

6. 道，冲而用之，或不盈也。渊兮，似万物之宗。

挫其锐，解其纷，和其光，同其尘。

湛兮，似或存。吾不知谁之子也，象帝之先。

（原四章）

【注释】

冲：旧注多以"盅"字释之，虚空之意。此处的"冲"，应与"冲气以为和"（原四十二章）的"冲"同义，是冲撞之意。道虽虚空，内含巨大能量。

也：王弼本无此章的两个"也"字，据帛书本恢复。

渊：深渊。

锐：锋芒。

纷：纷乱。

湛：幽深。

象帝之先：此句尚无确解。帝：王弼注，"天帝也"，似可解释为"好像是天帝的祖先"。

【译文】

道，内部冲撞出的能量，可用之，而不会用尽。深渊一样深啊！像是万物之宗主。

磨掉其锋锐，消解其纷乱，调暗其光芒，与尘埃混同。

幽深啊，一切似无仍有。我不知它是谁的孩子，但好像是天帝的先祖。

【评述】

本章讲如何从今之"有名"之态神游古之"无名"之态，关键在于"挫其锐，解其纷，和其光，同其尘"。

怎样才能做到这一点呢？人无法改变道的运行，只能关闭自己的感官，不让世间万物的形态、纷乱、光亮干扰于心，如同尘土一般，与道同一。之所以要"挫其锐"，正是因为原四十一章"大方无隅"（新32章）。这样，就能回到那初始时的"幽暗"中，那是一片似无还有的混沌状态。

"挫其锐，解其纷，和其光，同其尘"，另见于原五十六章，在此四句之前，还有"塞其兑，闭其门"两句，正是强调堵塞人的耳目口鼻通道，可以互证。

7. 塞其兑，闭其门，挫其锐，解其纷，和其光，同其尘，是谓玄同。
故不可得而亲，不可得而疏；不可得而利，不可得而害；不可得而贵，不可得而贱，故为天下贵。

（原五十六章）

【注释】

兑：口，引申为人的耳、目、口、鼻之通道。

门：门径，入口，亦引申为人的耳、目、口、鼻之通道。

解其纷：纷，王弼本作"分"，据帛书本改。

玄同：道初始时混然为一的状态。

【译文】

堵塞感官通道，关闭感觉之门，磨掉其锋锐，消解其纷乱，调和其光芒，与尘埃混同，这样就回到了道的混然初始状态，称之为"玄同"。

在那里，没有亲，也没有疏；没有利，也没有害；没有贵，也没有贱，因此，最为天下所尊崇。

【评述】

"塞其兑，闭其门"，是关闭所有感官通道，做到极致，便是庄子所说的"形如槁木，心如死灰"——自身融入道的混沌之状，如此才能观览"无名"之妙。

道的本质，揭示了"万物同一"的概念。有了差别，便由"无名"之态入了"有名"之态；有了亲疏贵贱，便由"道"入了"德"。

"塞其兑，闭其门"两句，亦见于原五十二章。

本章首句原为"知者不言，言者不知"，所论为道与知的关系，移至《道编》（新11章）。

8. 五色令人目盲，五音令人耳聋，五味令人口爽。

（原十二章）

【注释】

　　五色：青、黄、赤、白、黑。
　　五音：宫、商、角、徵、羽。
　　五味：酸、苦、甘、辛、咸。
　　口爽：失去味觉。王弼注，"爽，差失也"。

【译文】

五色让人失去视觉，五音让人失去听觉，五味让人失去味觉。

【评述】

本章探讨人的感官的不可靠性。感官让我们直接感受到一些事物，同时，也让我们感受不到另外一些事物。我们看到了"五色"，就有"视之不见"之形；听到了"五音"，就有"听之不闻"之音；尝到了"五味"，就有尝不出味道之物。

正如我们的感官能感受到"物质"，就无法感受到"暗物质"。所见即所蔽。

原十二章是典型的"双层表述"，先叙述一个深刻的道理，再就具体问题引申、发挥。本章后面原有一段文字："驰骋畋猎令人心发狂，难得之货令人行妨。是以圣人为腹不为目，故去彼取此。"传统注解，一般从感官的餍足，说到声色犬马的奢侈，最后归结于"为腹不为目"的治国之政。

实际上，"五色令人目盲，五音令人耳聋，五味令人口爽"与后面的"驰骋畋猎令人心发狂，难得之货令人行妨"，旨义并不完全一致，前者指向"感官的不可靠性"，后者强调"不可过分追求感官刺激"，且原三章、原六十四章都有"不贵难得之货"之论，皆与君王治国相关。

本章所蕴含的深意，非限于君王治国，故另立，原章后段文字移至《德编》（新60章）。

（三）弃智绝学

9. 为学日益，为道日损。损之又损，以至于无为。

（原四十八章）

【注释】

益：增加。

损：减少。

无为：指得道的境界。原四十七章："圣人不行而知，不见而名，不为而成。"（新10章）

【译文】

为学，是一点点增加，为道，是一点点减少。减了再减，减无可减，便是"无为"之境。

【评述】

道之感悟，与智和学，似乎相隔甚远，且反向而行。学所增进的是智，而这正是道之所弃，为道者"不知而中，何求于进"（原二十章王弼注）。所以，只有弃智绝学，才能学道有成。

同样的表述还有：原十九章的"绝圣弃智"，原二十章的"绝学无忧"。

本章后段原有文字"无为而无不为。取天下恒以无事，及其有事也，不足以取天下"，乃引申之论，论君王治国，移至《德编》（新41章）。

10. 不出户，知天下；不窥牖，见天道。其出弥远，其知弥少。

是以圣人不行而知，不见而名，不为而成。

（原四十七章）

【注释】

牖（yǒu）：窗户。

名：同"明"。原十六章有"知常曰明"，又有"复命曰常"（新13章）。"知常曰明"亦见于原五十五章（新36章）。

【译文】

不出门户，可知天下事理；不望窗外，可见天道运行。外出越远，所知越少。

所以，圣人不行而知万物归一，不见而明大道往复，不为而成天下之事。

【评述】

观道之"无名"之妙,不仅与智、学无关,与人的感性经验也没有关系。身处天地之间,心可以通过万物直观天道。

11. 知者不言,言者不知。

（原五十六章）

【注释】

知者：明道之人。

【译文】

知道"道"不可言说的人,是不会谈论它的,谈论"道"的人,是不知道它不可言说。

【评述】

这里的"知者",显然不是"智者",更不是"为学者",而是那些"不出户,知天下;不窥牖,见天道"之人。

本章为原五十六章的开头两句,后面还有一段文字："塞其兑,闭其门,挫其锐,解其纷,和其光,同其尘,是谓玄同。故不可得而亲,不可得而疏;不可得而利,不可得而害；不可得而贵，不可得而贱，故为天下贵。"所论为闭塞感官，移至《道编》(新 7 章)。

12. 知不知，尚矣；不知知，病矣。
圣人不病，以其病病，是以不病。

(原七十一章)

【注释】

尚：同"上"。王弼本作"上"，据帛书本改。

矣：王弼本无两个"矣"字，据帛书本恢复。

圣人不病：此句之前，王弼本原有"夫唯病病，是以不病"一句，据帛书本改。

病病：病，患，有毛病。病病，动宾结构，前一个"病"为动词。

【译文】

知道有"不知"之物，是至高的认知；不知道"知"有边界，是认知的缺陷。

圣人的认知没有缺陷，正是因为意识到这缺陷的存在，也就消除了这缺陷。

三、观"无名"之妙

【评述】

本章继续讨论"知"。人的认知能力有局限性,圣人与常人不同的地方,就是能意识到这局限性。

(四)归根守静

13. 致虚极也,守静笃也,万物并作,吾以观其复也。

夫物芸芸,各复归其根。归根曰静,是谓复命。复命曰常,知常曰明。

不知常,妄作,凶。

知常容,容乃公,公乃王,王乃天,天乃道,道乃久,没身不殆。

(原十六章)

【注释】

虚极:指道的初始之态。

也:此章三个"也"字,王弼本无,据帛书本恢复。

守静:"归根曰静。"守静,即守住道之根源,而道的终极本质是"静"。

笃(dǔ):坚定。

观其复:观其循环往复。王弼本作"观复",无"其"

字，据帛书本改。

复命曰常：回归本源，是道之常规。

没（mò）身：终身。

殆：危险。

【译文】

归返道的虚无之始，坚守其根源，在万物生长中，我可以观其循环往复。

万物茂盛纷繁，最终各自返本归根。归根称之为"静"，就是回归本源，也可谓"复命"。"复命"是道之常规，可称之为"常"，知道"常"，则明白道之循环往复。

不知"常"，就会"妄作"，大凶。

知道"常"，就能包容，包容就能公平，公平就能为王，为王就能顺天，顺天就能得道，得道就能长久，终身没有危险。

【评述】

经过自今及古、闭塞感官、弃智绝学之后，最终目的是"归根守静"——归返"无名"之态。

归根守静的意义是：从道的初始之态，来认知万物的演变，其要点有四：一是万物归一；二是循环往复；三是道以

"静"为本;四是天道有常,不可"妄作"。

本章属于"双层论述",后半段文字是对君王的告诫,其中"公乃王"一句,历来注释多有分歧,不过,在新的语境中,则文通字顺。

14. 天下有始,以为天下母。既得其母,以知其子;既知其子,复守其母,没身不殆。
塞其兑,闭其门,终身不勤;开其兑,济其事,终身不救。
见小曰明,守柔曰强。用其光,复归其明,无遗身殃,是谓习常。

(原五十二章)

【注释】

塞其兑,闭其门:意思是堵塞感官通道,关闭感觉之门。两句亦见原五十六章,可参见《道编》(新7章)。

不勤:不用操劳,永得安逸。

见小曰明:王弼注,"见大不明,见小乃明"。

守柔曰强:王弼注,"守强不强,守柔乃强也"。

用其光:即"和其光"之光。

复归其明:即"知常曰明"之明。

习常:习,实践。常,王弼注,"道之常也"。习常即践行常道。

【译文】

天下有始，成为天下之母。既然知道其母，也就知道其子；知道其子，仍然守护其母，终身可以没有危险。

塞堵感官通道，关闭感觉之门，终生无需操劳；打开欲念之门，虽能做成事情，一生难以得救。

见小才是真明，守柔才是真强。透过万物之光，回归初始之态，才有识道之明，如此就能让自身免遭祸殃，这是践行常道。

【评述】

本章仍是"归根守静"的主题，只是以母子关系为喻。知子而不忘其母，是老子反复强调的一个观点，"贵母"。原二十章亦有："我独异于人，而贵食母。"（新95章）

万物都是从小到大，从弱到强，见小，守柔，都是"贵母"，意在不忘其本。

"贵母"的本质，是"归根守静"。只有从"有名"之态归返"无名"之态，才能真正认识道。

四、执"有名"之象

道,由"无名"初始之态转入"有名"成形之态,"无物之象"开始显现,道隐象中。

(一)象中有道

15. 执大象,天下往。往而不害,安平太。
乐与饵,过客止。
故道之出言也,淡乎其无味也,视之不足见也,听之不足闻也,用之不可既也。

(原三十五章)

【注释】

执:掌握。

大象:王弼注,"大象,天象之母也"。原四十一章注

"大象无形"。大象指一切有形之象背后的"无物之象",即"有形之象"的"无形"之母。

乐与饵:音乐和美食。

故道之出言:王弼本作"道之出口",且无"故"字,据帛书本改。此章几处的"也"字,王弼本亦无,据帛书本恢复。

用之不可既也:王弼本作"用之不足既",据帛书本改。既,尽也。

【译文】

掌握道之"大象",天下都会向往之,奔赴而来。来了也不会有伤害,太平安泰。

好像路旁奏起音乐,摆出美食,路上行人都会被吸引而驻足。

道,用语言来表达,太平淡了啊,没有一点味道,看也看不见,听也听不到,但其用无穷无尽。

【评述】

道之于象,有点像数学分形公式之于图形,公式中数值变化,可以产生出无数特定图形,反之亦然,再繁复的图形,都能用一个分形公式来表达。

因此,道,虽难以用语言表述,也无法直接看见或听到,但可以通过"象",间接去感悟。这就是"执大象"。

有关道之"淡乎其无味也,视之不足见也,听之不足闻也,用之不可既也",类似的表述,亦见于原十四章:"视之不见名曰夷,听之不闻名曰希,搏之不得名曰微。"可参见《道编》新3章。

(二) 正反相成

16. 天下皆知美之为美,斯恶已;皆知善之为善,斯不善已。
故有无相生,难易相成,长短相较,高下相倾,音声相和,前后相随,恒也。
是以圣人处无为之事,行不言之教;万物作焉而不辞,生而不有,为而不恃,功成而弗居。夫唯弗居,是以不去。

(原二章)

【注释】

恶:不美,即丑。

恒也:王弼本无"恒也"两字,而帛书甲、乙本皆有。此为点题之句,十分重要,据帛书本改。

不辞:辞,有避让之意。不辞,即不避让,可以理解为乐见其成。此处，帛书乙本作"弗始"，原十七章王弼注有"万物作焉而不为始"，似可证"辞"字原本可能是"始"字。

【译文】

　　天下人都知道什么是美，这样丑也就出现了；天下人都知道什么是善，这样不善也就显现了。

　　因此，有和无互生，难和易互成，长和短相较而显，高和下相对而言，音和声相和互谐，前和后相随互联，这就是道啊。

　　所以，圣人做"无为之事"，行"不言之教"；让万物自然生长，不避让，也不干预，生而不占有，为而不凭靠，功成而不居功。

　　正因为不居功，其功也不会失去。

【评述】

　　王弼在注"有无相生，难易相成，长短相较，高下相倾，音声相和，前后相随"时说，"此六者，皆陈自然，不可偏举之数也"。意思是，正反相成的规律，体现在自然现象中，正是道的自身显现。

　　正反相成的规律，在自然界普遍存在，在人类社会也随处可见。美丑、善恶都是同生共存，正如王弼所注，"喜怒同根，是非同门"。

这些规律，人类无法改变，无法干涉，无法消除，只能让道自然运行，自然发挥作用。因此，得道的圣人，做"无为之事"，行"不言之教"，正是顺道而为。

（三）以无为用

17. 三十辐共一毂，当其无，有车之用也。埏埴以为器，当其无，有器之用也。凿户牖以为室，当其无，有室之用也。

    故有之以为利，无之以为用。

（原十一章）

【注释】

辐：车轮的辐条。

毂（gǔ）：车轮的中轴，中空，插辐以撑起车轮。

也：此章中三个"也"字，王弼本皆无，据帛书本恢复。

埏（shān）埴：黏土。

当其无：此处"无"字，作"空"字解，有"中空"之意。

【译文】

三十根辐条插入中轴，正因为轴的中空，才造出可用的车子。用黏土制作盆碗，正因为盆碗的中空，才成为有用的器皿。开凿门窗，正因为门窗的凿空，才有了能用的屋室。

因此，"有"，则直接便利，"无"，可以以无为用。

【评述】

轮毂、器皿、门窗，都是"象"，显现着"空"。空者，无也，却可为有之用。

这背后，是"有无相生"的道理。

（四）柔水至坚

18. 天下莫柔弱于水，而攻坚强者莫之能胜，其无以易之。

弱之胜强，柔之胜刚，天下莫不知，莫能行。

（原七十八章）

【注释】

无以易之：无法替代。

【译文】

天下没有什么东西比水更柔弱了，但攻坚克强没有能胜过它的，因而无法替代。

弱战胜强,柔战胜刚,天下人没有不知道,却没有人做得到。

【评述】

水,作为重要的"象",呈显多重深刻道理,柔能克刚是其中之一。

本章后段原有文字,"是以圣人云:'受国之垢,是谓社稷主;受国不祥,是为天下王。'正言若反",所论为君王居下处卑,移至《德编》(新72章)。

19. 天下之至柔,驰骋天下之至坚,无有入无间。

吾是以知无为之有益。

不言之教,无为之益,天下希及之。

(原四十三章)

【注释】

至柔:最柔弱的东西,此处指水。

驰骋:击穿、贯透之意。

至坚:最坚硬的东西,指金石。

无有入无间:无有,指水所蕴含的无穷力量。无间,没有间隙,如金石一般。

希:稀少。

【译文】

　　天下最柔弱的东西，能穿透天下最坚硬的东西，以无形的力量攻入没有缝隙之物。

　　我是由此而知"无为"的益处。

　　"不言之教"，"无为之益"，天下很少有人能做到。

【评述】

　　本章继续探讨"水"所呈显的柔能克刚的道理。

　　水能以无形之力，穿透没有间隙的坚硬之物。这种无坚不摧的柔弱力量，正如圣人的"不言之教"和"无为之益"。

　　"不言之教"和"无为之益"，是老子的政治理想，亦见原二章，"是以圣人处无为之事，行不言之教"（新16章）。

（五）居下不争

20. 上善若水。水善利万物而不争，处众人之所恶，故几于道。

（原八章）

【注释】

　　所恶：所厌。

　　几：近。

【译文】

最高的善,就像水一样。水的善,利于万物而不争,处于众人所厌的低处,因此几乎近于道了。

【评述】

本章探讨"水"的另一特性:"居下",其所呈显的道理是"不争"。

不争,是老子学说中最重要的主张之一,上自圣人处世,中到君王治国,下到百姓为人,一以贯之。不过,"不争"是行事原则,目的是使"天下莫能与之争"。

本章后面原有文字,"居善地,心善渊,与善仁,言善信,正善治,事善能,动善时。夫唯不争,故无尤",讲圣人如何以"上善"垂范,属论德之语,移至《德编》(新43章)。

(六)大成若缺

21. 大成若缺,其用不弊;大盈若冲,其用不穷。大直若屈,大巧若拙,大辩若讷。

(原四十五章)

【注释】

　　大成：此处的"大"，指道。大成，道之大成。

　　冲：虚空。

　　讷：口拙，不善言辞。

【译文】

　　大道的创造不会完满，总似有所缺欠，但其作用不受影响；大道的充实不会盈溢，总似有所虚空，但其功能不会穷尽。大道之直，会显得有点弯曲，大道之精巧，会显得有点拙朴，大道之自身表达，会显得有点简单直白。

【评述】

　　本章是"执大象"。大成、大盈、大直、大巧、大辩之"大"，指的都是道，即原二十五章所谓"字之曰道，强为之名曰大"（新2章）。

　　"大象"中的道理是，天地万物都不能达到完满的境地，一旦达到完满，就会"反"，由正而反，再"返"，返回原点。道的本质就是如此。

　　本章后面原有文字，"躁胜寒，静胜热。清静为天下正"，论及道的自身变化，另立，移至《道编》（新26章）。

（七）曲全枉直

22. 曲则全，枉则直，洼则盈，敝则新，少则得，多则惑。

……………

古之所谓曲则全者，岂虚言哉！诚全而归之。

（原二十二章）

【注释】

曲则全：以木为喻。树木长得弯曲而难以成材，反而不被砍伐，得以保全。

枉则直：木材不正，反而得到加工矫直。

敝：破旧。

【译文】

树木长得弯曲而得以保全，木材不直而有机会矫正，地洼而易盈，物旧而更新，东西少了，易于选取，东西多了，反而迷惑。

……………

古时所谓"曲则全"之语，真不是虚言啊！完全可以归之于道。

【评述】

　　本章观象悟道，揭示的道理是，事物常会走向自己的反面——好事可以导致坏的结果，而坏事也可能带来好的局面。原五十八章所说的"祸福相依"（新71章），也是同理。

　　"曲则全"，不仅是道之规律，也是人们乱世的生存之策。因此，得到了老子的特别赞赏："岂虚言哉！"这不是虚言，是可以实行的。

　　本章中间原有一段文字，"是以圣人抱一，为天下式。不自见故明，不自是故彰，不自伐故有功，不自矜故长。夫唯不争，故天下莫能与之争"，所论主题及文字，与原二十四章近于相同，移至《德编》（新38章）。

（八）久而不恒

23. 希言自然。故飘风不终朝，骤雨不终日。孰为此者？天地。
　　天地尚不能久，而况于人乎？

（原二十三章）

【注释】

　　希言：王弼注，"乃是自然之至言也"。原四十一章"大音希声"，原十四章又"听之不闻名曰希"。大道无言，非不言,是无法听见。

飘风:疾风。

【译文】

大道之言,虽然听不见,却是自然之至言。因此,疾风刮不了一上午,暴雨下不了一整天。谁能做到这样呢?天地。天地尚且不能永久,更何况人呢?

【评述】

从疾风暴雨的自然现象,领悟出万物难以恒久。

天地间的一切,除了道,没有什么事物是永恒的。道是永恒的,却又是一切变化之源。

本章后段原有文字,"故从事于道者,道者同于道,德者同于德,失者同于失。同于道者,道亦乐得之;同于德者,德亦乐得之;同于失者,失亦乐得之。信不足,焉有不信焉",属论德之语,移至《德编》(新33章)。

五、道，玄妙之源

道，一切的本源和终极，有生于无，循环往复。

24. 谷神不死，是谓玄牝。玄牝之门，是谓天地之根。绵绵若存，用之不勤。

(原六章)

【注释】

谷神：尚无确解。谷，王弼注，"谷中央无者也"，应是指山谷之空。空，即无。谷神，似可理解为空无之神，道的一种别称。

牝（pìn）：雌性的，引申为母体。

天地之根：王弼本无"之"字，但其注有，"故谓之天地之根也"。帛书本有"之"字，据帛书本改。根，始也。

不勤：不尽。

五、道，玄妙之源

【译文】

"谷神"永生而不死，"谷神"又被称为"玄牝"。"玄牝"是生养之门，又被称为"天地之根"。绵绵不绝，似有若存，其功用永远不尽。

【评述】

本章阐述道是一切之源。

关于谷神、玄牝、天地之根的理解，可以用老子释道的方式来解释："字之曰道，强为之名曰谷神，谷神曰玄牝，玄牝曰天地之根。"皆道之别名。

谷神，是道的"无名"之态，天地之始；玄牝，是道的"有名"之态，万物之母。天地之根，是说虽有天地万物，其根皆在道。

谷神、玄牝之喻，都不太好理解。在宇宙尺度上，能令人联想到的只有"黑洞"了。

25. 反者，道之动；弱者，道之用。天下万物生于有，有生于无。

（原四十章）

【注释】

反：此处有双义，一是"正反"之"反"；二是同"返"，

"往返"之"返",都指道的运动状态。

弱:指道的虚空状态。

有:"有名"之态。

无:"无名"之态。

【译文】

正反往返,显现着道之运动;形虚内盈,蕴藏着道之功用。天下万物生于"有",而"有"生于"无"。

【评述】

本章描述道的运行状态。

反者,出于原二十五章"字之曰道,强为之名曰大。大曰逝,逝曰远,远曰反"(新2章),循环往复,即"道之动"。

弱者,出于原四章"道,冲而用之"(新6章),虚空而静,内盈而动,即"道之用"。

天下万物生于"有",即生于"有名"之态;"有"生于"无",即生于"无名"之态。

道的运行,由静而动,循环往复。这是世间万物无法逃避的规律。

26. 躁胜寒，静胜热。清静为天下正。

（原四十五章）

【注释】

躁：躁动。

【译文】

道，因为躁动，由寒转热，又因为静，由热转清。天下终以清静为正。

【评述】

本章继续讲道的运行，以及自身状态的变化。

道，始于躁动，经历寒、热，终归于清静。

这里的重点是，清静是道的终极本质。原二十六章"静为躁君"（新74章），意思是"静"终究会主宰"躁"。老子一直强调"守静"，就是回归道的本源。

"清静为天下正"，是一切变化的终极归宿。

27. 大道氾兮，其可左右。万物恃之而生而不辞，功成不名有，衣养万物而不为主。

恒无欲，可名于小；万物归焉而不为主，可名为大。

以其终不自为大，故能成其大。

（原三十四章）

【注释】

氾：泛滥。

不辞：不辞让，意思是乐见其成。原二章"万物作焉而不辞"（新16章），意思相同。

衣养：养护。

恒无欲：王弼本"恒"字作"常"字，据帛书本改。此处"恒无欲"，亦见原一章"故恒无欲也，以观其妙"（新1章），指道的初始阶段，没有人的生命意识出现，即"无名"之态。

可名于小：道由"无名"之态转化为"有名"之态的过程中，必始于"小"，所以说"可名于小"。

万物归焉：王弼注，"万物皆归之以生"。

【译文】

大道像河水一样泛滥啊，左右横流。万物都依靠它而生，它助长一切而不居功，养护万物却不为主宰。

当道处"无名"之时，可称之为"小"；等万物生出仍不为主宰，可称之为"大"。

正因为道始终不自以为"大"，才能成就其伟大。

五、道，玄妙之源

【评述】

　　本章讲道对天地万物的决定性影响，像大河奔流，可左可右，养育一切。

　　最后总结到，道的最伟大之处，在于"终不自为大"，而这正是"能成其大"的原因。圣人之道正在其中。

德

编

《道编》讨论"道是何物",《德编》阐述"人应何为"。德由道生,而分上下。上下之分,区别在于"无为"还是"为之"。关键是"有以为",还是"无以为",即是否有"有求之心"。失道而后德,失德而后才有仁、义、忠、信。《德编》主要内容分为三个部分:一是讲圣人的处世和示范,二是对君王的引导和劝诫,三是对民众的教导和警示。

一、德之总纲

德之总纲，论述了德与道，上德与下德，德与仁、义、礼之间的关系。

28. 上德不德，是以有德；下德不失德，是以无德。上德无为而无以为，下德为之而有以为。上仁为之而无以为，上义为之而有以为，上礼为之而莫之应，则攘臂而扔之。
故失道而后德，失德而后仁，失仁而后义，失义而后礼。夫礼者，忠信之薄而乱之首。
前识者，道之华而愚之始。是以大丈夫处其厚，不居其薄；处其实，不居其华。故去彼取此。

（原三十八章）

【注释】

上德不德：王弼注，"不求而得，不为而成。故虽有德而无德名也"。此处"不德"，指有德而不名，有德而无形，正如大道无名无形。

下德：王弼注，"下德求而得之，为而成之"。

不失德：离不开"德"之名。

无以为：无有求之心。

有以为：存有求之心。

为之而有以为：有为而为，存有求之心。

攘臂而扔之：伸出胳膊去强拽。

前识者：王弼注，"前人而识也，即下德之伦也。竭其聪明以为前识，役其智力以营庶事"。此处指信奉仁义之人。

大丈夫：指圣人。

【译文】

上德不显现"德"之形，所以有德；下德离不开"德"之名，所以无德。上德是无为而为，无有求之心，下德是有为而为，存有求之心。上仁是有为而为，无有求之心，上义是有为而为，存有求之心，上礼是有为而为，却无人响应，只好伸出胳膊硬去拽人。

因此，一个社会，失去道后才会出现德，失去德后才会出现仁，失去仁后才会出现义，失去义后才会出现礼。这个礼啊，就是忠信缺失的结果，更是祸乱的肇因。

只识仁义者，看见了道的虚华，是自我愚昧的开始。所以，大丈夫根基要深厚，而不要浅薄；要立于实处，而不取虚华。因此，必须做出去彼取此的选择。

【评述】

本章是德之总纲。要点是：

德由道生。王弼注，"何以得德？由乎道也"。

德分上下，区别在于"无为"还是"为之"，关键是"有以为"还是"无以为"，即是否有"有求之心"。

仁义礼忠信之类，是失德之后的产物。

大丈夫要取上德，舍下德，立于道。

钱锺书《管锥编·老子王弼注》指出，道者，"明事之实然，格物之理也"；德者，"示人所宜然，治心之教也"。又说："前者百世之公言，后者一家之私说。"读《道德经》，特别是《德编》，于此不可不察。

二、德由道生

德出于道,德贵源于道尊。

29. 道生之,德畜之,物形之,势成之。是以万物莫不尊道而贵德。
  道之尊,德之贵,夫莫之命也,而恒自然也。
  故道生之,德畜之,长之、育之、亭之、毒之、养之、覆之。
  生而不有,为而不恃,长而不宰,是谓玄德。

（原五十一章）

【注释】

　　势成之:势使之成为器。"势"字,帛书本作"器"字,指大器,可参考。

　　夫莫之命也:命,任命之义。"命"字,帛书本作"爵",

可参考。"也"字，王弼本无，据帛书本恢复。

恒自然也："恒"字，王弼本作"常"字，据帛书本改。"也"字，据帛书本恢复。

亭之：王弼注，"亭谓品其形"。此处，"亭"字可按本义解释。许慎《说文解字》释"亭"为，"民所安定也"。有提供庇护之意。

毒之：王弼注，"毒谓成其质"。此处，"毒"字可按本义解释。许慎《说文解字》释"毒"为，"害人之草"。有危险害人之意。

生而不有：王弼注，"不塞其原，则物自生，何功之有"（原十章）。

为而不恃：王弼注，"不禁其性，则物自济，何为之恃"（原十章）。

长而不宰：王弼注，"物自长足，不吾宰成"（原十章）。

玄德：王弼注，"有德而不知其主也，出乎幽冥，故谓之玄德也"。玄德，即上德，源于恒道。

【译文】

道生万物，德育万物，物使成形，势使成器。所以，万物无不尊道而贵德。

道之尊，德之贵，不是由谁来指任的，而是恒道运行的自然结果。

因此，道生万物，德育万物，成长之、培育之、庇护之、危害之、滋养之、覆灭之。

万物自生而不认为自己有创造之功，万物生长而不认为全凭靠自己，万物长成而不认为是自己主宰的结果，这就是道的"玄德"。

【评述】

本章主题是：德生于道，而人之德亦得之于道。

"亭之、毒之、养之、覆之"几个词语不太好理解。传统注疏一般皆从养护之意来解释，其实，"亭之"与"毒之"相对，"养之"与"覆之"互存，都可从字义理解。生之毁之，循环往复，毕竟是天之道。大道"不仁"，德亦"不仁"。

"生而不有，为而不恃，长而不宰，是谓玄德"之句，亦见于原十章，"生而不有，为而不恃，长而不宰，是谓玄德"（新30章）。类似表述还见于原二章，"生而不有，为而不恃，功成而弗居"（新16章），以及原三十四章，"万物恃之而生而不辞，功成不名有，衣养万物而不为主"（新27章）。这中间或有重简，但也反映出其论述的重要性。这是道的根本特征，也是道对人的最大启示。圣人得之，便有玄德。

二、德由道生

30. 载营魄抱一,能无离乎?专气致柔,能婴儿乎?涤除玄览,能无疵乎?爱民治国,能无知乎?天门开阖,能无雌乎?明白四达,能无为乎?

    生之、畜之。生而不有,为而不恃,长而不宰,是谓玄德。

    (原十章)

【注释】

载营魄:载,带着。营魄,身心与魂魄。《楚辞·远游》有"载营魄而登霞兮"之句。

抱一:一者,道也。此处指身心与道融合为一。

专气致柔:专,同抟(tuán)。王弼注,"专,任也。致,极也。言任自然之气,致至柔之和"。此处指全身运气,身体达到极其柔软的状态。

涤除:清除。

玄览:王弼以"极览"释之,指超越感官经验,可以神览道之初始之态。

能无知乎:此处的"知"同"智"。

天门:王弼注,"天门,谓天下之所由从也"。通往大道之门,即原一章的"众妙之门"(新1章)。

开阖:开,关。

雌：守雌，即处弱。原二十八章，"知其雄，守其雌"（新39章）。

明白：王弼注，"言至明"，指达到内心至明之境。

生之、畜之：即原五十一章，"道生之，德畜之"（新29章）。

【译文】

带着身心和魂魄，想与道融合为一，能做到毫无分离吗？

全身运气达到至柔地步，能回到婴儿初生的状态吗？

清除杂念，达到神览之境，能做到没有一点瑕疵吗？

爱民治国，能做到弃智返朴吗？

通往大道之门，或开或关，能处弱守雌吗？

内心达到至明，无迷无惑，能坚持无为吗？

道生万物，德育万物。然而，万物自生而不认为自己有创造之功，万物生长而不认为全凭靠自己，万物长成而不认为是自己主宰的结果，这就是"玄德"。

【评述】

本章讲如何"抱一"，即身心与道融合为一，回归初生之态，闭塞感官，弃智返朴，知强处弱，守静无为。

能做到"抱一"，就能得道。道之得，便是德。原三十八章王弼注,"德者,得也……何以得德?由乎道也"。

全章最后归结道:"生而不有,为而不恃,长而不宰,是谓玄德。"这玄德,是道所呈现的众德之中最高贵之德。此四句亦见原五十一章(新29章),可参考。

三、德分上下，人以德分

有道上德，失道下德。上士上德，下士失德。

31. 孔德之容，惟道是从。

（原二十一章）

【注释】

孔德：大德。孔，大。

【译文】

大德的形态，完全是由道而定。

【评述】

大德，即上德。德之上下，与道之近远，直接相关。

此章后段原有文字："道之为物，惟恍惟惚。惚兮恍兮，其中有象；恍兮惚兮，其中有物。窈兮冥兮，其中有精；其精甚真，其中有信。自今及古，其名不去，以阅众甫。吾何以知众甫之状哉？以此"，是论道之语，在《道编》（新5章）。

32. 上士闻道，勤而行之；中士闻道，若存若亡；下士闻道，大笑之，不笑，不足以为道。

故建言有之：明道若昧，进道若退，夷道若颣。

上德若谷，大白若辱，广德若不足，建德若偷，质真若渝。

大方无隅，大器免成，大音希声，大象无形，道隐无名。

夫唯道，善始且善成。

（原四十一章）

【注释】

若存若亡：存，记。亡，通"忘"。此句之意是，有时记着，有时忘了。

夷道若颣：夷道，平坦之路。颣（lèi），崎岖不平。

大白若辱：即原二十八章王弼注，"知其白，守其黑"，"辱"作"黑"解。有注家引《仪礼》古注"以白造缁曰辱"，可参考。此句大意是白的仿佛在变黑。另，此句可能错置，从文意上看，似应位于"质真若渝"之后。此处从王本。

广德若不足：广德，大德。不足，不盈，不满。

建德：建，同健。建德，刚健之德。

若偷："偷"字尚无确解。王弼注，"偷，匹也"。许慎《说文解字》："偷，苟且也。"此处"若偷"，似可理解为"好像德薄而不匹配"之意。

渝：水变污，引申为变质。

大方无隅："大方"之"大"，即道。隅，角。

大器免成：此处"免"字，王弼本作"晚"字，帛书乙本为"免"字，据帛书本改。"免成"比"晚成"更符合老子思想，其意与"大成似缺"相同。

道隐无名：此处"无名"，指道的"无名"之态。

善始且善成：王弼本作"善贷且成"，据帛书乙本改。此句意思为道既能善始善终，又能成就万物。

【译文】

上士听说道，立即努力践行；中士听说道，时记时忘；下士听说道，一定会大笑，不笑，反而难以证明此是真道。

因此，有立言如此：光明的道会显得暗淡，前行的道好像在往后走，平坦的道看上去崎岖不平。

至高的上德会如山谷一样深藏，内心纯白者仿佛在受染变黑，广大之德总似不盈不满，刚健之德常会显得德薄不配，质朴纯真者会被视为蒙污变质。

大道之方看不见角，大道之器感觉不到完成，大道之音听不到声，大道之象见不到形，因为大道隐藏在"无名"之态中。

只有道啊，善始善终，且成就万物。

【评述】

本章的表述分为四层。

第一层论人。道是唯一，人有差别，所得不同，其德各异。上士得上德，中士得下德，下士无所得。

第二层论道。大道的本质与表象之间，常存相反、背离的现象，而人们往往被表象所迷惑和误导。

第三层论德。大德如大道，本质与表象之间也常常相反、背离，而人们对上德缺乏辨识能力。

第四层结论。大道本身是正反相成的。所谓"大方无隅，大器免成，大音希声，大象无形"，其实，是"有隅""有成""有声""有形"，只不过我们人类感知不到。这正是"道隐无名"——大道隐在"无名"之态中。

道的"无名"之态超出了人的有限感知和日常经验，从而导致人对道的认知局限和对德的辨识能力的缺乏。

一切始于道,一切成于道。道,先有"无名"之态,后有"有名"之态,再有德的出现。因此,只有对道有了整体认知,才会具有对德的辨识能力。

33. 故从事于道者,道者同于道,德者同于德,失者同于失。
同于道者,道亦乐得之;同于德者,德亦乐得之;同于失者,失亦乐得之。
信不足,焉有不信焉。

（原二十三章）

【注释】

同于道：王弼注,"与道同体,故曰'同于道'",即得道。

道亦乐得之：此句及下面"德亦乐得之""失亦乐得之"两句,与帛书本文字相异较多,帛书本无"同于道者,道亦乐得之"之句,下接"同于德者,道亦德之。同于失者,道亦失之",其意甚明。此处从王弼本,帛书本文字可参考。

失者：指失道、失德者。

信不足,焉有不信焉：帛书本无此两句,疑为原十七章的衍文。此处从王弼本。

三、德分上下，人以德分

【译文】

因此，从事于道的人，与道同一，从事于德的人，与德同一，失道、失德的人，在"失"上同一。

同道者，道会乐于助之；同德者，德会乐于助之；同失者，也会得到"失"的结果。

忠信不足了，自然会有"不信"出现了。

【评述】

人以道分，也以德分，更以"失道失德"分。这与上一章所讲的"上士""中士""下士"（新32章），意思几近。

最后"信不足，焉有不信焉"一句，表明失道失德之后，才有忠信之类出现。

本章为原二十三章后段，前面原有文字"希言自然。故飘风不终朝，骤雨不终日。孰为此者？天地。天地尚不能久，而况于人乎"，所论为象中观道，在《道编》（新23章）。

34. 大道废，有仁义；智慧出，有大伪；六亲不和，有孝慈；国家昏乱，有忠臣。

（原十八章）

【注释】

六亲：王弼注，"父子、兄弟、夫妇也"。

【译文】

　　大道废弃了，才有了仁义；智慧产生了，才出现了欺伪；六亲不和了，才讲孝慈了；国家混乱了，才会出现忠臣。

【评述】

　　本章是对原三十八章中"失德而后仁"之说的引申发挥，其原文为"失道而后德，失德而后仁，失仁而后义，失义而后礼。夫礼者，忠信之薄而乱之首"（新28章），本章的论述，正好与之呼应。

　　老子对仁义忠信的不认可，主要因其非"自然"，而是"人为"，即所谓"有大伪"，属下德之下。

四、圣人的天下式

圣人们处世行事,有一整套"天下式"。

(一) 厚德之人

35. 古之善为道者,微妙玄通,深不可识。夫唯不可识,故强为之容:豫兮,若冬涉川;犹兮,若畏四邻;俨兮,其若客;涣兮,若冰之将释;敦兮,其若朴;旷兮,其若谷;混兮,其若浊。
    孰能浊以静之徐清?孰能安以动之徐生?
    保此道者不欲盈。夫唯不盈,故能蔽不新成。

(原十五章)

【注释】

善为道者：王弼本作"善为士者"，据帛书本改。王弼以"上德之人"释之。

豫兮：犹豫之态。"兮"字，王弼本作"焉"字，考之帛书本，应为"兮"字。

犹兮：警觉之态。

俨兮：庄重之态。

若客：王弼本作"若容"。"容"为"客"之误，据帛书本改。

涣兮：放松之态。

敦兮：纯朴之态。

朴：没有加工过的木头。

旷兮：豁达之态。

混兮：浑然之态。

安以动之徐生：王弼本作"安以久动之徐生"，据帛书本改。

不盈：不溢。

蔽不新成：蔽，王弼注，"蔽，覆盖也"。不新成，即"不成"，"成"字有"终"之意，此处指没有终点。帛书乙本作"敝而不成"，从王本。

【译文】

古时得道之人,都微妙玄通,深不可识。正因为"不可识",所以,勉强来形容一下:小心犹豫啊,像冬天踏冰过河;紧张警觉啊,像害怕四邻强敌来犯;严肃庄重啊,像是出访做客;轻松自如啊,像是冰凌消融;敦厚啊,像是原木;豁达啊,像是深谷;浑然啊,像是水有点混浊。

谁能让浊水静下来而慢慢变清?谁能让静态动起来而渐渐再生?

只有持此道之人,知晓不可求"盈"。正是"不盈",道才能蔽护万物,让其长存而没有终结。

【评述】

得道的上德之人,因深不可识,只能侧面描绘,文中用了大量比喻和形容。王弼注中解释道:"上德之人,其端兆不可睹,意趣不可见,亦犹此也。"又说:"凡此诸若,皆言其容象不可得而形名也。"总而言之,得道的上德之人,其特点是谨慎谦虚,体现出的是道的"冲而不盈"——内在充实而并不满溢。

"孰能浊以静之徐清?孰能安以动之徐生?"两个问句,文中没有直接回答,其实,后面省略了不言自明的答案:"道也。"谁能让浊水静下来而慢慢变清?谁能让静态动起来而渐渐再生？只有道才能做到。

道有多德，本章讨论的是其"不盈"之德。"不盈"的意义何在？就在最后一句"蔽不新成"。

关于"蔽不新成"，历来有多种异文和多种释读。帛书乙本作"敝而不成"，唐景龙碑本作"能弊复成"。王弼注，"蔽，覆盖也"，而不释"蔽"为"敝"（破败也，"敝而新"之敝），应是符合原文本义。

不盈，就不会满；不满，就不会成；不成，就不会有终。这才是长久之道。

36. 含德之厚者，比于赤子。蜂虿虺蛇不螫，猛兽不据，攫鸟不搏。

骨弱筋柔而握固，未知牝牡之合而全作，精之至也。终日号而不嗄，和之至也。

知和曰常，知常曰明。益生曰祥，心使气曰强。物壮则老，谓之不道，不道早已。

（原五十五章）

【注释】

含德之厚者：王弼本无"者"字，据帛书本改。

赤子：婴儿。王弼注，"赤子，无求无欲"。

蜂虿虺蛇：虿（chài），毒虫。虺（huǐ），毒蛇。此处指各类毒蜂虫蛇。

不螫（shì）：不螫咬人。

据：用爪子去抓。

攫（jué）鸟：猛禽。

牝：雌性器官。

牡：雄性器官。

全作：帛书乙本作"朘怒"，另有作"朘作"的，且注释各异。王弼注，"作，长也。无物以损其身，故能全长也"，健全成长之意。此处从王弼本。

嗄（shà）：哑。

益生曰祥：此句争议颇多。因王弼注，"生不可益，益之则夭也"，不少注家将"祥"字释为"不祥"，有些勉强。"祥"即吉祥。原文"益生"和王注"生不可益"是两种表达，不在同一层次。"益生"是指有益于成长的事物和环境，"生不可益"则说出了另一层意思，即生命过程不可人为增益，原因是后面所说的"物壮则老"，过多地干预生命过程，会加速衰老和死亡。

心使气：王弼注，"心宜无有，使气则强"，此处意思是"心中有了欲念"。

"物壮则老"之句：亦见原三十章（新80章）。

【译文】

厚德之人,就像婴儿那样。毒蜂虫蛇不来螫咬,野兽不来抓捕,猛禽不来攻击。

虽然骨弱筋柔,却已能握紧拳头,不懂得阴阳交合,却能全面发育,茁壮成长,因内在精气的极其充沛。终日哭号而声音不哑,因正处于"至和"的状态。

懂得了"和",就知道了"常",知道了"常",就明白了"道"。益生的事物是祥善的,心有欲念也令人强壮,但是,物壮则老,不遵守道之常规,就会早早死亡。

【评述】

圣人厚德,如同婴儿,生来具有强大生命力,万物不侵。

婴儿之喻,多见于全书。原十章"专气致柔,能婴儿乎"(新29章);原二十八章"常德不离,复归于婴儿"(新39章)。

婴儿是生命的初始阶段,王弼注,"无求无欲",因此,离道最近。

婴儿也是生命力最强的阶段,精气充沛,阴阳达到"至和"。

婴儿又蕴含着一个生命的过程,不损不益,无需人为干涉,顺道而行。

最后的启示是，道的规律不可抗拒，物壮则老，过多干预生命，只会导致早亡。

（二）处世不争

37. 企者不立，跨者不行。自见者不明，自是者不彰，自伐者无功，自矜者不长。

    其在道也，曰余食赘行。物或恶之，故有道者不处。

（原二十四章）

【注释】

企：许慎《说文解字》释为"举踵也"，即踮起脚尖。

彰：显明。

伐：夸。

自矜：自负。

不长：王弼注，"不自矜，则其德长也"，此处指德不增长。

余食：王弼注，"盛馔之余也"，指吃剩的美食。

赘行：王弼注，"若郤至之行"，郤至，春秋时晋国大夫，出使楚国，自夸己功，被人讥讽。王弼以此例释"赘行"，难称确解，其意可参考。

【译文】

踮起脚尖的人，是站立不久的，大步迈进的人，是走不远的。眼中只有自己的人，不会有自知之明，自以为是的人，不会得到彰显，到处自夸己功的人，常无真正的功劳；自负的人，德行也不会持续增长。

从道而论，如同吃剩的美食和自辱的出使之行。这些都是令人厌恶的事物，所以，有道之人是不会如此处世的。

【评述】

圣人身上的另一特征是"不争"，这体现了道的"水德"。

不争的前提，是先要有"自明"。人无自明，必自大、自夸、自负，令人讨厌，从而立不稳，行不远。

38. 是以圣人抱一为天下式。不自见故明，不自是故彰，不自伐故有功，不自矜故长。
夫唯不争，故天下莫能与之争。

（原二十二章）

【注释】

抱一：一者，即道。抱一，即与道同一，守道不移。

天下式：王弼注，"式，犹则也"。原二十八章又注"式，模则也"。天下式，指圣人通用于天下的模式。

【译文】

因此,圣人守道如一,是其处世的方式。不自我表现,因而有自知之明,不自以为是,因而能彰显于世,不自夸己功,因而自有其功,不自负,因而自增其德。

正是因其不争,所以,天下没有人能与之相争。

【评述】

本章主题与原二十四章相同,文字也多有重合,都是谈圣人"不争"之德。

重要的有两点:一是指出,此为圣人的"天下式",即处世行事的通用模式;二是说明,"不争"的目的,是让"天下莫能与之争",即无人能与之争。

本章为原二十二章中间一段文字,前有"曲则全,枉则直,洼则盈,敝则新,少则得,多则惑",后有"古之所谓曲则全者,岂虚言哉!诚全而归之",另立,在《道编》(新22章)。原章显然是错层之章。

(三)知雄守雌

39. 知其雄,守其雌,为天下溪。为天下溪,恒德不离,复归于婴儿。

知其白,守其黑,为天下式。为天下式,恒德不忒,复归于无极。

知其荣,守其辱,为天下谷。为天下谷,恒德乃足,复归于朴。

朴散则为器,圣人用之则为官长。故大制不割。

(原二十八章)

【注释】

知其雄,守其雌:此处"其",应指"道",是道之雄和道之雌。

为天下溪:王弼本作"为天下谿",据帛书本改。

恒德:三个"恒德",王弼本均作"常德",据帛书本改。

忒(tè):王弼注,"忒,差也"。

无极:王弼注,"不可穷也",指道不可穷尽的终极。

"知其荣,守其辱"全句:帛书本中,此段文字在"知其白,守其黑"一段之前。此处从王弼本。

朴:指道。

器:指万物。

官长:尚无确解,似可作"君主"解。

大制不割:大制,道的创制。不割,整体而不分割。

四、圣人的天下式

【译文】

知"道"之雄，守"道"之雌，宁做天下的小溪。做了天下的小溪，恒德就不会离去，而身心能回归婴儿之态。

知"道"之白，守"道"之黑，作为处世的天下式。有了处世的天下式，跟恒道就不会差得太多，而能归返道的本原"无极"。

知"道"之荣，守"道"之辱，甘为天下的山谷。甘为天下的山谷，恒德就会充足，而终将归于道的质朴。

大道散开，成为各种器物，圣人用之而成为君主。因此，大道的创制，是整体而成，无法割裂的。

【评述】

知雄守雌，是道"一生二"之时，天地已定，阴阳始分。雄，代表着阳，是刚，是强；雌，代表着阴，是柔，是弱。要认识到"雄"更有力量，但天下最终是弱胜强，柔胜刚。所以，原六章有"玄牝之门，是谓天地之根"（新24章）。原六十一章有"牝常以静胜牡"（新66章）。这是"守雌"的道理。

知白守黑，是"道生一"之态，"复归于婴儿"，就是由二返一，回到道的初始之态。白，代表着光，是亮，是明；

黑,代表着暗,是幽,是冥。道,光而不耀,最终要回归于幽暗的"无名"之态。这是"守黑"的道理。

知荣守辱,是道处"三生万物"的阶段。荣,代表着"道之华",是功,是彰;辱,代表着道之源,是低,是卑。原三十八章之"道之华而愚之始",圣人"处其实,不居其华"(新28章)。这是"守辱"的道理。

道,创造天下,也规制万物,完整一体,无法分割,所以,上面这些道理,贯穿一切,没有例外。

(四)无为无不为

40. 为无为,事无事,味无味。
大小多少,报怨以德。
图难于其易,为大于其细。天下难事必作于易,天下大事必作于细。是以圣人终不为大,故能成其大。
夫轻诺必寡信,多易必多难。是以圣人犹难之,故终无难矣。

(原六十三章)

【注释】

报怨以德:有注家认为此句错入此章,应在原七十九章

"必有余怨"之后。帛书甲本此句与王弼本相同,可证原文如此。

【译文】

行"无为"之为,做"无事"之事,品"无味"之味。

大小、多少之间,也是如此,报怨以德,亦是同理。

处理难事,要从容易的地方开始,想做大事,要从细小的事情做起。天下难事必始于容易之处,天下大事必始于细小之处。因此,圣人始终不求"大",反而能成其"大"。

轻易许诺,必少信誉,多想易处,必多难事。所以,圣人特别重视"难",最终倒也不会有什么难事了。

【评述】

大道无为,大道无事,大道无味。因此,行"无为"之为,做"无事"之事,品"无味"之味,是圣人以道行事。

这一道理推演下去,就是小"不小",大"不大",多"不多",少"不少",怨"不怨",德"不德",易"不易",难"不难"。

大小、多少、难易之间,正反相成,共生互转。所以,才说"图难于其易,为大于其细",才说"圣人终不为大,故能成其大",才说"圣人犹难之,故终无难矣"。

怨与德之间的关系更复杂一些。"报怨以德"之德,似可理解为"无为"之德,此句之义是:对待怨恨,也要以"无为"之德报之。这与孔子"以直报怨"之说,形成对比。

为"无为",必然"无不为",最终"有为",正如原三十七章所言"道恒无为而无不为"(新52章)。

41. 无为而无不为。取天下常以无事,及其有事,不足以取天下。

(原四十八章)

【注释】

取天下:取,"治"之意。取天下,即治天下。

有事:王弼注,"自己造也",指自己折腾。

【译文】

无为而无不为。治天下,要以"无事"治之,非要以"有事"治之,是没有资格来治天下。

【评述】

无为而无不为,是道的特征,也是圣人处世行事的规范。"取天下常以无事",是说圣人以"无为"治国。原五十七章也有"以无事取天下"(新61章)。

四、圣人的天下式

    本章为原四十八章后段，之前原有文字"为学日益，为道日损。损之又损，以至于无为"（新9章），讨论的是"弃智绝学"以"见道"。本章论述的是"无为而无不为"以"治天下"，所论不同，故分置。

42. 是以圣人欲不欲，不贵难得之货；学不学，复众人之所过；以辅万物之自然，而不敢为。

（原六十四章）

【注释】

    复：修复。

【译文】

    因此，圣人以不欲为欲，不贵世间难得之货；以不学为学，修复众人所学之误。辅助万物自然发展，而不敢另有作为。

【评述】

    以不欲为欲，不学为学，都是以"无为"而"有为"，所谓"不敢为"，是不敢违道而妄为。

    本章为原六十四章的最后一段，前有文字"其安易持，其未兆易谋。其脆易泮，其微易散，为之于未有，治之于未乱。合抱之木，生于毫末；九层之台，起于累土；千里之行，始于足下。为者败之，执者失之。是以圣人无为故无败，无执故无失。民之从事，常于几成而败之。慎终如始，则无败事"。

原六十四章似由不同章节的内容集合而成，其中既有错层，也有乱简，主题各异，论述分散。此段论及圣人"无为而无不为"，故移至此。

（五）上善之善

43. 善行无辙迹，善言无瑕谪，善数不用筹策，善闭无关楗而不可开，善结无绳约而不可解。
是以圣人恒善救人，故无弃人；恒善救物，故无弃物，是谓袭明。
故善人者，不善人之师；不善人者，善人之资。不贵其师，不爱其资，虽智大迷，是谓要妙。

（原二十七章）

【注释】

辙迹：车轨痕迹。

瑕谪（zhé）：瑕，瑕疵；谪，谴责。

筹策：算筹。

关楗：门栓。

恒善：王弼本作"常"，据帛书本改。恒善，指循道而行善。

袭明："知常曰明"（新13章）。袭明，指顺行大道。

资：可供借鉴之意。

【译文】

善行者，不会留下痕迹，善言者，不会留下言语瑕疵，善算者，不需要算筹之类的工具，善闭者，不用栓销，别人也打不开门，善捆者，没有绳索，别人也解不开结。

因此，圣人常行善而救人，不会放弃一人；常行善而救物，不会丢下一物，这就是顺行大道。

所以，上善者，可为不善之人的老师；而不善之人，也可让善人以资为鉴。不尊其师，不重其鉴，虽有小智，实则大迷，这就是奥妙所在。

【评述】

圣人之善，是上善之善，不留行迹，不著言辞，不依靠外在的工具，完全出自身心。

圣人循道行善，救人救物，与原五章"圣人不仁"之论似有不合，或许善也有上下之分？上善是救人救物，从不弃人弃物;下善是圣人不仁,以百姓为刍狗。

本章中"故善人者,不善人之师;不善人者,善人之资"一段文字,帛书本有所不同,作:"故善人,善人之师;不善人,善人之资也。"如将句中第一个"善人",以"上善之人"来解,则帛书本文意亦通。

44. 居善地,心善渊,与善仁,言善信,正善治,事善能,动善时。
夫唯不争,故无尤。

(原八章)

【注释】

尤:怨、罪。

【译文】

择善地而居,心善如渊,善待他人以仁,言善有信,治国,以善为正,做事,善于蓄势待发,行动,善于静待时机。
因为不争,所以无咎。

【评述】

通过对圣人如何处世行事的描述,具体展现出"上善之善"。

四、圣人的天下式

本章为原八章后半部分,前面原有文字"上善若水。水善利万物而不争,处众人之所恶,故几于道",主题正是"上善",以水之象显示道之"不争"。

(六)小德小用,大德大用

45. 善建者不拔,善抱者不脱,子孙以祭祀不辍。
修之于身,其德乃真;修之于家,其德乃余;
修之于乡,其德乃长;修之于国,其德乃丰;
修之于天下,其德乃普。
故以身观身,以家观家,以乡观乡,以国观国,以天下观天下。
吾何以知天下然哉?以此。

(原五十四章)

【注释】

善建者:建,建树。

不拔:固其根而不动摇。

善抱者:抱,抱一,即原十章"载营魄抱一"(新30章),指守道者。

不辍:不绝。帛书本作"不绝"。

修:修身,引申为应用。

【译文】

善于建树的人,要固其根而不动摇,善于守道的人,要紧抱道而不脱离,这样就会子孙祭祀不绝。

能用于自身的,其德一定真实;能用于家庭的,其德必然充裕;能用于乡里的,其德自会增长;能用于邦国的,其德肯定丰厚;能用于天下的,其德必定普惠。

因此,以自身来观众人,以自家来观人家,以家乡来观邻乡,以本国来观他国,以天下来观天下之道。

我是如何知道天下大势的呢?正是以此方法。

【评述】

德有大有小,可以修身,亦可以用于天下。"其德乃普",是强调德的普适性。

本章读起来,很有点儒家"修身齐家治国平天下"的感觉。儒家之仁,推己及人,由家而国,最后天下归仁。

老子的方法论完全不同,所谓"以身观身,以家观家,以乡观乡,以国观国,以天下观天下",其中,"以身观身",可以说是推己及人,但"以家观家,以乡观乡,以国观国,以天下观天下",则是说随着观察对象的规模、范围不同,观察的角度和高度必须相应地改变,意思是,不同层次的问题,有不同层次的观察方式。而且,具体处理起来,德的层次也需要越来越高:从"乃真""乃余"到"乃长""乃丰",直至"乃普"。

(七)圣人无私

46. 圣人恒无心,以百姓心为心。
善者,吾善之;不善者,吾亦善之。德善也。
信者,吾信之;不信者,吾亦信之。德信也。
圣人在天下歙歙焉,为天下浑其心。百姓皆注其耳目,圣人皆孩之。

(原四十九章)

【注释】

圣人恒无心:王弼本作"圣人无常心",似误,据帛书乙本改。"恒无心",指圣人如同道一样,没有私心。

德善也:王弼本无"也"字,据帛书本恢复。下面"德信也",亦是。

歙歙焉:王弼注,"歙歙焉,心无所主也",指心中无主观判断,即无厚薄差别。王弼本无"焉"字,据帛书本改。

百姓皆注其耳目:王弼本无此句,据帛书本改。注其耳目,王弼注,"各用聪明"。

【译文】

圣人无私心,以百姓之心为自己的心。

对于善良的人,我会善待他;对于不善良的人,我也会善待他。这是德之善。

对于诚信的人,我会信任他;对于不诚信的人,我也会信任他。这是德之信。

圣人处于世间,不存厚薄差别之念,为天下浑然其心。百姓都会用耳、用眼仔细观察,圣人皆以孩童之心对待他们。

【评述】

圣人无私心,不易做到。以百姓心为心,更难做到,因为百姓构成复杂,有"善者",也有"不善者";有"信者",也有"不信者"。

圣人的办法是"浑其心",不存厚薄差别,一律善待之,即原二十七章所说"善救人,故无弃人"(新43章)。这里,圣人浑自己的心,而非天下人的心。

另一种解读是,圣人浑天下人之心,闭塞百姓耳目,使其无知无欲,重回到婴孩之态。这情景似乎有点恐怖。

圣人浑自己的心,以婴孩之心对待天下人,还是君王浑天下人之心,使天下人回到婴孩之态,这会发展出两种治国模式。

四、圣人的天下式

47. 天长地久。天地所以能长且久者，以其不自生，故能长生。

是以圣人后其身而身先，外其身而身存。非以其无私邪？故能成其私。

（原七章）

【注释】

不自生：不求自生。

后其身：后，退。此句之意是身退而不争先。

外其身：外，排除。此句意思是不考虑自身。

【译文】

天长地久。天地之所以能长久，是因为不只求自生，所以能长生。

因此，圣人总是身退不争，反而身先于人，不考虑自身，反而能保全自身。

难道不正因其无私吗？才能成全自身之私。

【评述】

本章讲"无私"的原理和因果。

天地之所以长久，因为不求"自生"。天地本无心，自然不存"自生"之念。

圣人得道，也从"无私"中悟出两条生存法则，一是"后其身而身先"——以不争先而身先他人；一是"外其身而身存"——以不考虑自身而保全自身。

老子不禁感叹道：难道不是"无私"反而成全了其"私"吗？

钱锺书在《管锥编·老子王弼注》中对此提出质疑，"无长久之心，而能有长久之事，天地也；身不能长久，而心欲长久，人也"。圣人"以为人而亦无心长久，则其身必能长久矣。然则圣人之无心长久，为求身之能长久，正亦有心长久"。同理，若"后其身"而存争先之念，"外其身"而有保全之思，都可谓"假'无私'以遂'其私'也"。总之，认为天地可以无私，而圣人做不到"无私"。

48. 信言不美，美言不信。善者不辩，辩者不善。知者不博，博者不知。

圣人不积。既以为人，己愈有；既以与人，己愈多。

天之道，利而不害。

圣人之道，为而不争。

（原八十一章）

四、圣人的天下式

【注释】

知者：知天道者，即"知者不言"的知者。

不博：不渊博。

不积：王弼注，"无私自有"，指私自积存。

【译文】

真实之言不华美，华美之辞不真实。善良之人不会巧辩，巧辩之人不会善良。知天道者未必博学，博学者未必知天道。

圣人没有私存多占之心。尽量帮助别人，而自己越有所得；尽量给予别人，而自己越多所获。

天之道，以不害而利万物。

圣人之道，以不争而行于天下。

【评述】

本章进一步探讨为什么圣人越无私，所获越多。

第一段文字"信言不美，美言不信。善者不辩，辩者不善。知者不博，博者不知"，是以借喻的方式在讲道的质朴，所以，王弼对这几句的注是，"实在质也""本在朴也""极在一也"。也就是说，道，无需任何装饰和附加。

圣人能从道的质朴中悟出什么道理呢？是"圣人无积"——圣人不独占私存。

道,不自生,与万物共生,故能长生。

圣人依道而行,不独占,不私存,助人而多得,予人而多获。

这背后是天道和人道,两者同而有异。

"天之道,利而不害",不为即不害;"圣人之道,为而不争",为即不争,这不争,就是上一章中的"后其身""外其身"(新47章)。

本章为今传本《道德经》的最后一章,即原八十一章。

(八)我有三宝

49. 天下皆谓我道大,似不肖。夫唯大,故似不肖。若肖,久矣其细也夫!

我有三宝,持而保之。一曰慈,二曰俭,三曰不敢为天下先。

慈,故能勇;俭,故能广;不敢为天下先,故能成器长。

今舍慈且勇,舍俭且广,舍后且先,死矣!

夫慈,以战则胜,以守则固。天将救之,以慈卫之。

(原六十七章)

四、圣人的天下式

【注释】

天下皆谓我道大：帛书乙本无"道"字，作"天下皆谓我大"，他本亦多作"天下皆谓我大"。"道"字似后加，句中"我"即指道。此处从王本。

不肖：不像。

我有三宝：帛书本作"我恒有三宝"，有"恒"字。恒，道也。三宝，道之三宝。此处从王本。

成器长：王弼注，"然后乃能立成器为天下利，为物之长也"，指用形器之利，成万物之长。

天将救之，以慈卫之：此句帛书本作"天将建之，如以慈垣之"，可参考其意。此处从王本。

【译文】

天下的人都说我的"道"大，似乎没有事物与其相像。正因为"大"，所以没有事物相像。如果有具体事物相像，那是将"道"理解得"小"了。

我的道有三件至宝，一定要持有并保存好。一是"慈"，二是"俭"，三是"不敢为天下先"。

慈，才能勇武；俭，才能宽松；不敢为天下先，才能用形器之利，成万物之长。

如今舍掉慈，仍想勇武，舍掉俭，仍想宽松，舍掉退后，仍想争先，一定会死啊！

　　慈啊，战则能胜，守则坚固。天要救助谁，一定会以"慈"来护卫。

【评述】

　　"三宝"皆源于道。慈，"万物作焉而不辞"，生之德。俭，不仅物俭，还要事简，"无为"之德。不敢为天下先，即不争天下先，"不争"之德。

　　慈之所以能"勇"，因为"天将救之，以慈卫之"。俭之所以能"广"，因为节俭不匮，无为而治。"不敢为天下先"之所以能成万物之长，因为"后其身而身先，外其身而身存"（新47章）。

　　"我有三宝"，是对圣人"天下式"的最好概括。

五、君王的统治术

大道如此,君王何为?这里有对君王的引导、劝诫和警告。文中多用"君王",一些地方偶用"圣人",所指亦是君王。

(一)得一者,得天下

50. 昔之得一者,天得一以清,地得一以宁,神得一以灵,谷得一以盈,万物得一以生,侯王得一以为天下正。
其致之,天无以清将恐裂,地无以宁将恐发,神无以灵将恐歇,谷无以盈将恐竭,万物无以生将恐灭,侯王无以贵高将恐蹶。
故贵以贱为本,高以下为基。是以侯王自谓

孤、寡、不谷。此非以贱为本邪？非乎？

故致数舆无舆，不欲琭琭如玉，珞珞如石。

（原三十九章）

【注释】

得一者：一，即道。得一者，指"道生一"之时。王弼注，"一，数之始而物之极也"。

天下正："正"字，王弼本作"贞"，据帛书本改。"贞""正"相通。

发：同"废"，塌陷。

蹶（jué）：跌倒。

孤、寡、不谷：都是诸侯的自谦之称。

数舆无舆：舆，车也。此句之意，宋代苏辙《老子解》有释"轮、辐、盖、轸、衡、轭、毂、辖，会而为车，物物可数，而车不可数"，意指车的各个部件，没有合成为一辆车时，那车是不存在的。此句有传本作"至誉无誉"，似误。

琭琭：宝石的晶莹状。

珞珞：石头的粗糙状。

【译文】

"道生一"之始，上天因"一"而清，大地因"一"而宁，神明因"一"而灵，河谷因"一"而盈，万物因"一"

而生，侯王因"一"而居天下正位。

推而言之，天失去"一"，就难以清，恐怕要崩裂，地失去"一"，就难以宁，恐怕要塌陷，神失去"一"，就难以灵，恐怕要消失，河谷失去"一"，就难以盈，恐怕要干涸，万物失去"一"，就难以生，恐怕要毁灭，侯王失去"一"，就难以高贵，恐怕要跌倒。

因此，贵以贱为本，高以下为基。所以，侯王都自称"孤""寡""不谷"。这不是以贱为本吗？不是吗？

因此，车的部件再多，没有合成为一，仍不是一辆车，同理，不得"一"，晶莹的宝玉也难免混同于坚硬的粗石。

【评述】

本章的主题是"得一"。道生一,万物各得其一而生，但物成而失"一"，则失本忘母，便会走向分崩、衰落、毁灭。

对君王而言，"得一"极为重要。无论一统天下，还是一言九鼎。

君王自谓"孤""寡"之类，都是取"得一"之意。"不谷"之称，虽比天子"余一人"的自称，稍自谦一点，也是君王专用。

高低贵贱之间，可以转换，关键在于是否"得一"。若不"得一"，晶莹的宝玉将混同于坚硬的粗石。

"数舆无舆",是一个含义深刻的哲学命题,钱锺书在《管锥编·老子王弼注》一章中有过详尽的辨析,可参考。

51. 人之所恶,唯孤、寡、不谷,而王公以为称。故物或损之而益,或益之而损。

    人之所教,我亦教之:强梁者不得其死。吾将以为教父。

（原四十二章）

【注释】

强梁者:指强暴凶蛮之人。

教父:尚无确解,似可理解为"以教此为师"。

【译文】

人所厌恶的,是孤、寡、不谷之类,然而,王公用来自称。所以,事物有的减损反而增益,有的增益反而减损。

有人教给我,我也教给别人:强暴凶蛮的人是不会得到好死的。我要以教此为师。

【评述】

本章似乎是上一章（原三十九章）论题的继续,对自称

"孤""寡""不谷"的君王们提出了警示：有些事情，比如"得一"，有时损之而益，有时益之而损，不可趋于极端，不然，可能会死无其所。

本章为原四十二章的后半段，前有文字："道生一，一生二，二生三，三生万物。万物负阴而抱阳，冲气以为和"，讨论道的自身变化，在《道编》（新4章）。

（二）如何无为之治

52. 道恒无为而无不为。侯王若能守之，万物将自化。

化而欲作，吾将镇之以无名之朴。

无名之朴，夫亦将无欲。不欲以静，天下将自正。

（原三十七章）

【注释】

道恒无为："恒"字，王弼本作"常"字，据帛书本改。此句帛书本作"道恒无名"，后面没有"而无不为"四字。此处从王本。

无名之朴：道的"无名"之态。朴，道的质朴。

天下将自正："正"字，王弼本作"定"字，据帛书本改。

【译文】

　　道可以无为，也可以无不为。侯王如能守住这个道理，万物就会自然孕育生长。

　　如果这生长过盛了，我将用道的"无名"之态的质朴，来镇服一下。

　　道的质朴，会带来无欲。无欲则静，天下将会自然归正。

【评述】

　　君王如何无为而治？这里有四个关键词：守之，镇之，静之，正之。

　　守之：守住道的无为而无不为，道法自然，人不得"妄作"。

　　镇之：以"无名之朴"镇之，即返回道的"无名"之态，也就是"归根"。

　　静之："不欲以静"，即以"无欲"达到"守静"。道的终极是"静"，原四十五章有"躁胜寒，静胜热。清静为天下正"（新26章）。

　　正之：天下自正，非君王之所为。

53. 道恒无名，朴虽小，天下莫能臣也。侯王若能守之，万物将自宾。

五、君王的统治术

天地相合以降甘露,民莫之令而自均。

始制有名,名亦既有,夫亦将知止,知止可以不殆。

譬道之在天下,犹川谷之于江海。

（原三十二章）

【注释】

道恒无名:"恒"字,王弼本作"常"字,据帛书本改。指道的"无名"之态。

朴虽小:此句中的"小",指道的初始阶段,无形无象,故可称"小"。

莫能臣也:无人能使之为臣,从而驾驭它。

自宾:宾,宾服。自宾,自我归顺。

始制:王弼注,"始制,谓朴散始为官长之时也"。即原二十八章"朴散则为器,圣人用之则为官长"（新39章）,指万物成形成器。官长,可理解为君王。

有名:即道的"有名"之态,与前面"道恒无名"的"无名"相对。

知止:知道适可而止,即不违道。

【译文】

道处"无名"之态时,虽然小到无形无象,天下无人能使之臣服。侯王若能守住道，万物将自我归顺。

天地相合就会降下甘露，无需人们的指令而自会平均。

道散而生万物，进入"有名"之态，名分既有，就要懂得知止，知止可以远离危险。

打个比方，道行于天下，就好像大河谷溪都会自然流入江海。

【评述】

本章与上章（新52章）的论述几乎相同，但提出了一个重要观点："知止"。

君王要想达到"无为而治"，必须懂得"知止"。

"知止"背后的道理，是正反相成，祸福共生。不"知止"，事物就会走向反面，引来灾祸。

"知止不殆"，亦见原四十四章，"知足不辱，知止不殆，可以长久"（新87章）。

54. 太上，下知有之。其次，亲而誉之。其次，畏之。其次，侮之。

信不足，焉有不信焉。

悠兮，其贵言也。功成事遂，百姓皆谓我自然。

（原十七章）

五、君王的统治术

【注释】

太上：至高。

悠兮：悠然之貌。

其贵言也：王弼本无"也"字，据帛书本恢复。贵言，指言少，不轻易说话。王弼注，"言必有应"。

皆谓我自然：此处的"我"，为百姓自称，也有注家认为是指"圣人"，这里取前者。

【译文】

至高的圣王，下面的百姓只知道他的存在。其次的君主，百姓感到亲近并赞颂他。再次的君王，百姓都畏惧他。最差的国君，百姓都蔑视他。

威信不足了，也就没有信任了。

悠然啊，言少为贵。丰功建立、伟业完成之时，百姓都说：自己本来如此，一切自然。

【评述】

君王和民众的关系，可分几个层次：知之、誉之、畏之、侮之。

知之：百姓只知其有，而不见其面。王弼注，"大人在上，居无为之事，行不言之教"。至高的圣王"无为而治"，不需亲力亲为。

誉之：百姓感到亲切，由衷赞颂。王弼注，"立善行施，使下得亲而誉之也"。这一层次的君主，已不能"以无为居事，不言为教"，必须亲身示范，行善立言，凭借个人魅力，让民众爱戴。

畏之：百姓没有爱戴，只有畏惧。王弼注，"不复能以恩仁令物，而赖威权也"。这一层次的君王，已失去君王的威望，只能靠威权来维护自己的统治。

侮之：百姓没有信任，只剩下轻蔑了。王弼注，"不能以正齐民，而以智治国，下知避之，其令不从"。这是最差的国君，威权也失去了，只能靠各种阴谋手段治国，最终政令不通，正所谓，"信不足，焉有不信焉"。

"功成事遂，百姓皆谓我自然"，可以说是对"无为而治"的最好描述。

55. 其政闷闷，其民淳淳；其政察察，其民缺缺。

（原五十八章）

【注释】

闷闷：浑然，无为之态。

淳淳：淳朴。

察察：明察，指法令严明、细繁。

缺缺：王弼注，"民怀竞争"，有心多狡诈之意。

【译文】

为政浑然而无为，民众就会纯朴；为政严令而细察，民众就会偷奸耍滑。

【评述】

本章比较了"无为而治"和"有为而治"的两种结果。这似乎是在告诫君王：治国偏离正道，不但事与愿违，还会走向反面。

本章为原五十八章的第一段，后面有文字"祸兮，福之所倚；福兮，祸之所伏。孰知其极？其无正。正复为奇，善复为妖。人之迷，其日固久。是以圣人方而不割，廉而不刿，直而不肆，光而不耀"。论福祸相依，另立，在《德编》（新71章）。

56. 治大国若烹小鲜。

以道莅天下，其鬼不神；非其鬼不神，其神不伤人；非其神不伤人，圣人亦不伤人。

夫两不相伤，故德交归焉。

（原六十章）

【注释】

小鲜：小鱼之类。

莅：来临。

【译文】

治理大国，就像烹煎小鱼。

以道治天下，鬼就不闹了；不但鬼不闹了，神也不伤人；不但神不伤人，圣人也不伤人了。

这两不相伤，就是各种德的交融归一。

【评述】

"治大国若烹小鲜"，王弼注，"不扰也"，意思是说煎小鱼，不能乱翻动；治理大国，切忌瞎折腾。

以道治国，鬼神都不闹了，圣人也无需和人斗争了。天下太平，大家各安其所，互不相伤。

因此，"无为而治"的最好状况，应该是君王无为，圣人无为，鬼神亦无为。

（三）民可愚之

57. 古之善为道者，非以明民，将以愚之。

民之难治，以其智多。
故以智治国，国之贼也；不以智治国，国之福也。
知此两者，亦稽式。常知稽式，是谓玄德。
玄德深矣，远矣，与物反矣，然后乃至大顺。

（原六十五章）

【注释】

国之贼也：王弼本无"也"字，据帛书本恢复。

国之福也：王弼本无"也"字，据帛书本恢复。"福"字，帛书本作"德"字，从王本。

稽式：王弼注，"稽，同也"。稽式，模式之意。

【译文】

古时善于行道之人，不是要启发民智，而是要愚民。

民众之所以难以治理，就是因为其多智。

因此，让民众多智以治国，是国之祸；不让民众多智以治国，是国之福。

知道这两种治国模式，取乎其间，又是一种模式。理解大道的各种模式，就是所说的"玄德"。

玄德，又深，又远，还会反，返归于道的本源，然后达到大顺。

【评述】

本章之论，是对君王而言，言深意曲，试综述如下：

1）要达到"无为而治"，有两种方法，一是教之，一是愚之。

2）前者，圣人是自己"浑其心"，引导百姓回归"无知无欲"；后者，君王是让百姓"浑其心"，使其愚昧无知。

3）对君王而言，教之难，即"以智治国"，可能是国之祸；愚之易，即"不以智治国"，应该是国之福。

4）君王要了解这两种模式的优劣，也可取其间，成为又一种模式，所谓"知此两者，亦稽式"。

5）掌握个中的模式变化，就是"玄德"——"深矣，远矣"，又"反矣"，符合大道，可致天下大顺。

原十五章中，提到"古之善为道者"，指的是有德的圣人。本章中，则更多是指热衷于统治术的君王。

58. 绝圣弃智，民利百倍；绝仁弃义，民复孝慈；绝巧弃利，盗贼无有。

此三者，以为文不足，故令有所属：见素抱朴，少私寡欲。

（原十九章）

五、君王的统治术

【注释】

"绝圣弃智"三句：郭店楚简本（甲本一编一章）校读为："绝智弃辩，民利百倍；绝巧弃利，盗贼无有；绝为弃虑，民复季子。"未见"仁""义"二字，与王弼本不同。

【译文】

抛弃圣人之智，民众会获利百倍；扔掉仁义之说，民众会恢复孝慈本心；断绝机巧谋利之心，盗贼也就没有了。

上面三言，为文说理，还不够透彻，所以，来揭示这些道理的由来、归属：回归素朴，减少私欲。

【评述】

本章主题是，通过"三绝"——绝圣、绝仁、绝巧，让百姓"少私寡欲"，从而"见素抱朴"，回归道的本源。

有意思的是，此章中的"绝仁弃义"，在郭店楚简本中并不存在，对应的"三绝"是：绝智、绝巧、绝为。这说明，在《道德经》早期版本中，老子的批判倒不一定专门针对儒家。

59. 不尚贤，使民不争；不贵难得之货，使民不为盗；不见可欲，使民心不乱。

是以圣人之治，虚其心，实其腹，弱其志，强其骨，常使民无知无欲，使夫智者不敢为也。为无为，则无不治。

（原三章）

【注释】

尚贤：推崇贤者。

不见可欲：不让引起人们欲望的东西显现。

【译文】

不推崇贤能之人，使民众无所争；不贵重珍稀之物，使民众不去盗；不展现引人欲望的东西，使民众之心不乱。

所以，圣人治民，要空静其心，填饱其肚腹，削弱其意志，增强其筋骨，使百姓回归无知无欲的状态，让有才智者也不敢作为。

为"无为"之事，则天下无不治。

【评述】

本章继续讲君王如何使民无知无欲。总之，不举贤、不贵物、不见"可欲"，这样，百姓不争、不盗、心不乱。

愚民之策能否成功，不仅要"虚其心"，还要"实其腹"。"实其腹"是"虚其心"的前提，"虚其心"是"实其腹"的目的，而"虚其心"之意，在于让百姓"弱其志"，使"智者不敢为也"。

老子"实其腹"之论,亦见于原十二章"圣人为腹不为目"(新60章)。

最后一段"为无为,则无不治",是说无为之为,最终是为了"天下之治"。

本章及下一章中的"圣人",所指的不是"处无为之事,行不言之教"的圣人,而是一心愚民的君王。

60. 驰骋畋猎令人心发狂,难得之货令人行妨。

是以圣人为腹不为目,故去彼取此。

(原十二章)

【注释】

畋猎:打猎。

行妨:行为出格。

是以圣人:帛书本作"是以圣人之治也",可参考。此处从王本。

【译文】

驰骋打猎,让人内心发狂,失去平静,珍稀之物,让人滋生邪念,行为出格。

因此,圣人更看重让百姓腹中吃饱,而不去寻声色之娱。

只有抛弃对物欲的追逐，才能安心过温饱的生活。

【评述】

　　愚民的关键是让百姓"实其腹"，但又不能使其物质生活过于丰足。这大概也是"贫民"之说的由来。

　　此章为原十二章后半段，前有文字"五色令人目盲，五音令人耳聋，五味令人口爽"，论人的感官局限，另立，见《道编》（新8章）。

61. 以正治国，以奇用兵，以无事取天下。吾何以知其然哉？以此。

　　天下多忌讳，而民弥贫；民多利器，国家滋昏；人多伎巧，奇物滋起；法令滋彰，盗贼多有。

　　故圣人云：我无为而民自化，我好静而民自正，我无事而民自富，我无欲而民自朴。

（原五十七章）

【注释】

　　取天下：取，即治。

　　利器：武器之类。王弼注，"利器，凡所以利己之器也"。

　　伎巧：即技巧。

奇物：指奇事怪物。

【译文】

以正道治国，以奇谋用兵，平时以"无事"来治理天下。我是怎么知道事情会如此的呢？正是根据以下判断。

天下禁令越多，民众生活就会越贫困；民众自卫的武器越多，国家就会越混乱；人们越有才智，奇事怪物就会四处涌现；法令越严明，盗贼也会越来越多。

因此，有圣人说过：我无为，民众就会自我顺化，我好静，民众就会自行正道，我无事，民众就会自己富起来，我无欲，民众就会自归质朴。

【评述】

本章讲"以正治国"，即"无为而治"，一方面强调不能依靠禁令严法，另一方面强调不能让百姓拥有利器智巧。

为实现"无为之治"，用愚民之策，这里不仅有一个目的与手段的冲突，也有一个目标偷换的问题：基于民众自朴的"无为之治"，与建立在"愚民"基础上的"无为之治"，并不是一回事。

最后的圣人之言，是治国正道："我无为而民自化，我好静而民自正，我无事而民自富，我无欲而民自朴。"

这里值得注意的是，圣人说"我无为""我好静""我无事""我无欲"。在君王那里变成了"使民无为""使民好静""使民无事""使民无欲"。

（四）取天道，不取人道

62. 天地不仁，以万物为刍狗；圣人不仁，以百姓为刍狗。

　　天地之间，其犹橐龠乎？虚而不屈，动而愈出。

　　多闻数穷，不如守中。

（原五章）

【注释】

　　不仁：指麻木不仁的"不仁"，非残暴不仁的"不仁"。

　　刍狗：历代注家多引庄子而释为草扎之狗，用于祭祀。"刍狗"或可不作一词解，而分训两物，刍为牧草，狗为家犬。王弼注，"天地不为兽生刍，而兽食刍；不为人生狗，而人食狗"。河上公本亦将其释为两物，"天地视之如刍草狗畜""圣人视百姓如刍草狗畜"。如此，文意更为简明。

　　橐龠（tuó yuè）：吹气鼓风的器具和送风的管子。

　　不屈（gǔ）：屈，同淈，不竭。

五、君王的统治术

多闻：王弼本作"多言"，据帛书本改。多闻，即博闻多学之意。

数穷：数，与"一"相对。此处"数穷"，有"多则惑"之意。

【译文】

天地不仁，对万物无动于衷，就像对待牧草和家犬一样；圣人不仁，对百姓无动于衷，也像对待牧草和家犬一样。

天地之间，难道不是如同鼓风的巨大器具吗？中间虽空，而内在动能不竭，越是鼓动，越是强劲。

博闻多学未必能懂道之玄奥，反而会让人陷入认知的局限。不如像那鼓风的器具那样，守住其"中"——那才是道的本源。

【评述】

天道不仁，人道有仁。君王取天道，不取人道，所以，要对百姓"不仁"。

此章的理解，关键在于以下几个词的释读。

1）不仁：是指既无怜爱之心，也无残害之意。准确地说，是无动于衷的漠然。相比之下，有仁是"有恩有为"（王弼注）。

2）刍狗：传统注家多释为用于祭祀的草扎之狗，语出庄子《天运篇》。这个比喻有点深曲，意思是用时贵之，用毕弃之。但有两个问题：一是这是庄子嘲讽孔子之词，非注老之语；二是以用于祭祀的"刍狗"解，则天地于万物有贵贱之分，还有利用之心，不符"不仁"之意。"刍狗"做两物分训，即牧草和家犬，则文意更为通顺。当然，细思之下，庄子之喻，还是更具深意。

3）多闻数穷：即弃智绝学之意，原八十一章"博者不知"（新48章）及原二十二章"多则惑"（新22章），皆可申其意。

4）守中：即归根守静之意。橐龠者，虚而中空，是道之本源。

63. 天之道，其犹张弓与？高者抑之，下者举之；有余者损之，不足者补之。
天之道，损有余而补不足。
人之道则不然，损不足以奉有余。
孰能有余以奉天下？唯有道者。
是以圣人为而不恃，功成而不处，其不欲见贤。

（原七十七章）

【注释】

张弓：拉弓。

有余：过多。

不欲见（xiàn）贤：不显出自己的贤能。王弼注，"是以圣人不欲示其贤，以均天下"。

【译文】

天之道，就像引弓射箭吧？举高了，就压低一点，举低了，就抬高一点；拉得过满了，就放松一点，拉得不够了，就加强一点。

天之道，是减少有余的，补给不足的。

人之道，则不是这样，是减少不足的，奉献给有余的。

谁能以有余的来奉献天下呢？只有得道之人。

所以，圣人有为而不自以为有凭靠，功成而不居，不愿显示出自己的贤能。

【评述】

天之道和人之道之间，有着本质的矛盾。

天之道趋于平均，王弼注，"和光同尘，荡而均者"。

人之道导致分化，王弼注，"各有其身，不得相均"。

圣人取天之道，要"损有余而补不足"，所以，"均贫富"，可以说是"替天行道"。

君王行不了天之道，因为自己是最大的"有余者"，只能行人之道，靠"损不足以奉有余"来维持"有余"的地位。

圣人或许无私，君王一定有私。

64. 和大怨，必有余怨，安可以为善？
是以圣人执左契，而不责于人。
有德司契，无德司彻。
天道无亲，恒与善人。

（原七十九章）

【注释】

左契：尚无确解。契，指契约，一式两份，分左右，如同甲方、乙方。

司契：司，专心。司契，认真对待契约。

司彻（chè）：彻，同辙，引申为过错。

恒与善人："恒"字，王弼本作"常"字，据帛书甲本改。

【译文】

和解了大的怨恨，一定会余留下一些小怨，怎样才能妥善处理呢？

所以，圣人掌握着契约，但不据此去追究他人。

有德之人，重视契约的履行。

无德之人，专寻他人的过错。

天道对人没有亲疏，但总是善待那些顺应天道的人。

【评述】

本章颇为难解，试述其意。

人世间，必有恩怨。如何对待恩怨呢？老子在原六十三章中主张"报怨以德"（新40章），王弼注，"而德和之，其伤不复，故有余怨也"。就是说，"报怨以德"之后，余怨可能还在。

能够避免怨恨产生的，是契约。对待契约，可以有两种态度：一是据约而不追责他人；一是据约而专门挑他人之错。

报怨以怨，是人之道；报怨以德，是天之道。

签订契约，是人之道；据约而不责于他人，是天之道。

"天道无亲，恒与善人"这句话在逻辑上似乎略欠自洽——天道终究还是有亲疏的，更亲近那些遵循自己的人。

（五）以不争而争之

65. 江海所以能为百谷王者，以其善下之，故能为百谷王。

是以欲上民，必以言下之；欲先民，必以身后之。

是以圣人处上而民不重，处前而民不害，是以天下乐推而不厌。

以其不争，故天下莫能与之争。

（原六十六章）

【注释】

百谷：众谷河川汇流。

以身后之：走在后面，有"先人后己"之意。

民不重：重，负累。民不重，民众负担不沉重。

【译文】

江海能汇聚山川谷溪而成为百谷王，是因为善于自取低位，所以才成为百谷王。

因此，想居民众之上，必须言辞谦下；想走民众之前，必须身行其后。

所以，圣人居高位而民众不觉得负担重，走在前面而民众不觉得有妨碍，因而，天下人都乐于推举而不感厌烦。

正是因为不争，所以天下没人能与之相争。

五、君王的统治术

【评述】

圣人不争而得民心，处下而居上，后己而先人，自然得到民众拥戴。

君王不得不争，只好以不争而争之，不争的目的是使"天下莫能与之争"。

不争，就圣人而言，是德；就君王而言，是手段。

66. 大国者下流，天下之交，天下之牝。牝常以静胜牡，以静为下。

故大国以下小国，则取小国；小国以下大国，则取于大国。

故或下以取，或下而取。

大国不过欲兼畜人，小国不过欲入事人。夫两者各得其所欲，大者宜为下。

（原六十一章）

【注释】

大国者下流：王弼注，"江海居大而处下，则百川流之；大国居大而处下，则天下流之"，其意与原六十六章"江海所以能为百谷王者，以其善下之，故能为百谷王"（新65章）相同，指居下而能成其大。

牝：雌性。原六章"是谓玄牝"（新24章）。

牝常以静胜牡：此句意思是雌性总能以静胜过雄性。

牡：雄性。

取：获取，治理。

则取于大国：王弼本作"则取大国"，无"于"字，据帛书本改。

兼畜：兼并，养蓄。

【译文】

大国要自居下位，天下江河才能汇集，从而成为天下之母。雌性总能以静胜过雄性，正因为以静为下。

因此，大国对小国谦下，则能获取小国的归顺；小国对大国谦下，则能得到大国的容纳。

所以，或者示下获取归顺，或者示下得到容纳。

大国的目的，不过是想获得更多的土地和百姓，小国的愿望，不过是想得到接纳和保护。两者都能各得其所欲，关键是大国能够采取谦下之态。

【评述】

本章与上一章有着主题上的相关性。上一章讲统治者与民众的关系，如何以"不争"来争取民心；本章讲大国与小国的关系，大国如何以"不争"而赢得小国归附。

老子认为，大国要想兼并小国，必须采取"谦下"之策，即"大者宜为下"。

这是国与国之间的"以不争而争之"。

67. 善为士者，不武；善战者，不怒；善胜敌者，不与；善用人者，为之下。是谓不争之德，是谓用人之力，是谓配天，古之极也。

（原六十八章）

【注释】

不与：王弼注，"与，争也"。不与，即不争。此处"不与"，是指不主动出击，即原六十九章中"用兵有言：吾不敢为主而为客"（新82章）之意。

古之极也：王弼本无"也"字，据帛书本恢复。

【译文】

善于带兵的人，不逞勇武；善于打仗的人，不轻易发怒；善于胜敌的人，不会主动出击；善于用人的人，总是为人谦下。这就是所谓的不争之德，所谓的借人之力，所谓的合乎天道，是千古的至高境界。

【评述】

以不争而能胜之者,不武,不怒,不争,但最关键的是,能以谦下之态用人,借人之力。

68. 将欲取天下而为之,吾见其不得已。
天下神器,不可为也。为者败之,执者失之。
故物或行或随,或歔或吹,或强或羸,或挫或隳。
是以圣人去甚、去奢、去泰。

(原二十九章)

【注释】

神器:应指君位,原二十八章有"朴散则为器,圣人用之则为官长"(新39章)。

为者败之,执者失之:为者,指争位者。执者,指执政者。此两句亦见原六十四章(新69章)。

歔(xū):嘘气。

羸(léi):瘦弱。

挫:受挫。帛书甲、乙本均作"培"的异体字,此处从王本。

隳(huī):跌落。

甚:过分。

奢：奢侈。

泰：同"太"，至也，引申为至尊之意。

【译文】

一心想夺取天下，并大力治理，我看是不会实现的。

作为天下神器，君位不是可以争夺的。拼命争夺者必会失败，长久掌控者必会失控。

因此，世间万物，有的前行，有的跟随，有的轻嘘，有的急呼，有的强壮，有的羸弱，有的受挫，有的跌落。

所以，圣人要除去过分之想，奢侈之念，至尊之心。

【评述】

君位不是想夺就能夺的。君位是神器，天地合成，只有厚德之人得之。如果其德不够，夺者必败，得者必失。

人各有命，因为许多事情不在人的掌控中。王弼注，"万物以自然为性"，最好是"因而不为，顺而不施"，意思是不可强争妄为。

圣人所能做的，是去甚，去奢，去太。郭店楚简本（甲本一编三章）"罪莫厚乎甚欲，咎莫险乎欲得，祸莫大乎不知足"，似可为此作解。

去甚，去奢，去太的实质，是"知止"。

69. 为者败之，执者失之。

是以圣人无为故无败，无执故无失。

（原六十四章）

【注释】

为者败之，执者失之：两句亦见于原二十九章（新68章）。

【译文】

争位者会失败，掌权者会失控。

因此，圣人无为，所以不会失败，无执，所以不会失去。

【评述】

本章于"为者败之，执者失之"的论点，做进一步阐述。"为者败之，执者失之"的原因，是其德不够，不足以成君王。圣人的应对方法是，不争，所以不会失败；不掌控，所以不会失控。

本章为原六十四章中间一段。前有文字："其安易持，其未兆易谋。其脆易泮，其微易散。为之于未有，治之于未乱。合抱之木，生于毫末；九层之台，起于累土；千里之行，始于足下。"后有文字："民之从事，常于几成而败之。慎终如始，则无败事。是以圣人欲不欲，不贵难得之货；学不学，复众人之所过。以辅万物之自然,而不敢为。"原六十四章,多有错层、乱简,故据其所论,分段重置。

(六) 欲夺先予

70. 将欲歙之,必固张之;将欲弱之,必固强之;将欲废之,必固兴之;将欲夺之,必固与之;是谓微明。

    柔弱胜刚强,鱼不可脱于渊。国之利器不可以示人。

（原三十六章）

【注释】

歙（xī）之：收敛。

固：一定。

微明：明,知常为明。微明,微妙之道。

【译文】

想要使其收敛,必先让它扩张;想要使其变弱,必先让它加强;想要将其废除,必先让它兴起;想要将其夺取,必先让它得到赠予;这是微妙之道。

柔弱可以战胜刚强,但鱼儿不能离开深渊。治国的利器不可以轻易示人。

【评述】

　　从"以不争而争之"到"欲夺先予",这已从斗争策略发展成了阴谋权术。

　　柔弱之所以能战胜刚强,是因为水之德。

　　君王是鱼,离不开水,那水就是一整套国家统治体系。离开了这一套国家统治体系,君王就会像脱水之鱼,必死无疑。

　　国家统治体系是"国之利器",不能轻易示人,更不能让人看明白。

(七) 祸福相依

71. 祸兮,福之所倚;福兮,祸之所伏。
　　孰知其极?其无正也。
　　正复为奇,善复为妖。人之迷,其日固久。
　　是以圣人方而不割,廉而不刿,直而不肆,光而不耀。

(原五十八章)

【注释】

孰知其极：极，极限。

其无正也：王弼本无"也"字，据帛书乙本恢复。

妖：恶。

不割：割，割裂，此处有隔绝之意。

廉：王弼注，"廉，清廉也"。

刿（guì）：王弼注，"刿，伤也"。

耀：王弼本作"燿"。

【译文】

祸啊，正是福所依附；福啊，正是祸所潜伏。

有谁知道，祸和福到了极限，还有界限吗？没有正确的答案。

正可以变为奇，善可以变为恶。人们迷惑于此，已经久有时日。

所以，圣人方正而不拒人，清廉而不伤人，直率而不肆意，光辉而不耀眼。

【评述】

祸福同门，两者相生相伴，互依互转，这正是由道的"正反相成"规律所决定。

祸福之间，推演到极限，也难以确定界限。即祸就是福，福就是祸。同样的道理，也适用于正奇、善恶之间。这是一般人最为迷惑的事情。

对君王而言，有福必有祸，有祸也必有福。顺境需要警惕，逆境不必绝望。

圣人深明"祸福相依"的道理，所以，"方而不割，廉而不刿，直而不肆，光而不耀"，就是循道而不极端。一旦极端，必"反"而"返"，事物会走向自己的反面。

本章为原五十八章后段，前有文字"其政闷闷，其民淳淳；其政察察，其民缺缺"，讨论"无为而治"，在《德编》（新55章）。

72. 是以圣人云："受国之垢，是谓社稷主；受国不祥，是为天下王。"
正言若反。

（原七十八章）

【注释】

垢：污物，此处指屈辱。

不祥：灾祸。

【译文】

因此,圣人说过:"忍受国家的屈辱,才能成为社稷之主;承担国家的灾难,才能成为天下的君王。"

正言听上去有时像是反话。

【评述】

君王受辱受难,是祸,反而使之有资格成为一国之君,则是福。

"正言若反",其句型语义,与原四十一章"明道若昧,进道若退,夷道若颣"(新32章)类似,意思是很多正常的道理听上去都好像违反常理。

本章为原七十八章后段,前有文字"天下莫柔弱于水,而攻坚强者莫之能胜,其无以易之。弱之胜强,柔之胜刚,天下莫不知,莫能行",讲柔水至坚的道理,在《道编》(新18章)。

(八)长久之道

73. 治人事天,莫若啬。

夫唯啬,是谓早服。早服谓之重积德。重积德则无不克,无不克则莫知其极。莫知其极,可以有国；有国之母，可以长久。
是谓深根固柢，长生久视之道。

(原五十九章)

【注释】

啬：王弼注，"啬，农夫"。

早服：王弼注，"早服，常也"，指早循天道。

有国之母：母，国本。

柢（dǐ）：根。

久视：视，活也，存活之意。

【译文】

治理百姓和侍奉上天，真好像农夫种田。

只有农夫种田，可称之为顺应天道。顺应天道，就是不断积德。不断积德，就能无所不克，无所不克就看不到极限。没有极限，才能永保其国；国有国本，才能长治久安。

这所谓根深柢固，正是长生不亡之道。

【评述】

本章以农事为喻，讨论长久之道。农夫种田，重要的是顺天和固本。君王治国，关键在于个人积德和加强国本。

重本和贵母，都是老子反复强调的观点。

74. 重为轻根，静为躁君，是以圣人终日行不离辎重。虽有荣观，燕处超然。

奈何万乘之主，而以身轻天下？

轻则失本，躁则失君。

（原二十六章）

【注释】

重为轻根：轻以重为根。

静为躁君：君，为主。躁以静为主。

辎（zī）重：随行的车辆。

荣观：华丽热闹之处。

燕处：内心静安。

【译文】

轻以重为根，躁以静为主，所以，圣人终日行走，都不离开随行的车辆。虽有华丽热闹的地方，都能内心静安，超然面对。

为什么万乘之国的君王，反而要轻率地治理天下呢？

轻率会丢掉国本，躁动会失去君位。

【评述】

道的本质，是轻以重为根，躁以静为主，所以，君王要戒轻,戒躁。

戒轻,是重本;戒躁,是守静。这两者都是长久之道。

"不离辎重"的比喻,有些奇特,却与"万乘之主"相符,说明此处"圣人"显然是指君王。

75. 其安易持,其未兆易谋,其脆易泮,其微易散。为之于未有,治之于未乱。

(原六十四章)

【注释】

持:执掌,保有。

兆:原意为占卜时火灼龟甲出现的裂纹,能预示吉凶,后引申为预兆。

其脆易泮:泮(pàn),破裂。帛书甲本作"其脆也,易破也",可见其意。

【译文】

安定时,局面容易维护,征兆未现时,事情容易谋划,脆弱时,就容易破裂,微小时,就容易消散。问题的处置,要在未有之时,国家的治理,要在未乱之时。

【评述】

本章所论，仍是"长久"之道，王弼注，"安不忘危，持之不忘亡"。

告诫君王两点：一是"治之于未乱"，因为"其安易持""其脆易泮"；二是"为之于未有"，因为"其未兆易谋""其微易散"。

此段文字是互文，前后呼应，互为补充。

本章是原六十四章中的首段，后有文字："合抱之木，生于毫末；九层之台，起于累土；千里之行，始于足下。为者败之，执者失之。是以圣人无为故无败，无执故无失。民之从事，常于几成而败之。慎终如始，则无败事。是以圣人欲不欲，不贵难得之货；学不学，复众人之所过。以辅万物之自然，而不敢为。"原六十四章的内容，似由各章文字集合而成，多有乱简、错简和重简。论述的对象，有圣人，有君王，也有民众。主题从治国长久之道，到做事有始慎终，再到使民无欲无知的无为之治，故分段重置。

76. 持而盈之，不如其已。揣而锐之，不可长保。金玉满堂，莫之能守；富贵而骄，自遗其咎。功遂身退，天之道也。

（原九章）

【注释】

　　已：止，弃。

　　揣（chuǎi）：打磨。

　　锐：王弼本作"梲"（zhuō），同锐。他本多作"锐"。

　　功遂：功成。

【译文】

　　端着一碗满满的水，一定会溢出，不如早点放下。打磨一件尖锐的兵器，虽然锋利，却不能长期保持。金玉满堂，无人能永远守护；富贵而骄，总会自留灾祸。

　　功成身退，这是天之道。

【评述】

　　本章承接上章，讨论长久之道，其论点是，长久，是可能的，而永久，是不可能的。

　　长久之道，是人之道；无法永久，是天之道。

　　圣人如何应对？只有"功遂身退"。君王做不到"功遂身退"，终将败之、失之。

（九）民困勿迫

77. 民不畏威，则大威至。无狎其所居，无厌其所生。

夫唯不厌,是以不厌。

是以圣人自知不自见,自爱不自贵。故去彼取此。

（原七十二章）

【注释】

大威:王弼注,"民不能堪其威,则上下大溃矣,天诛将至",此处指崩溃的危机。

狎:同"狭",狭窄,引申为妨碍。

无厌其所生:此句的"厌",有压迫之意,与后面"夫唯不厌"之"厌"同义。

是以不厌:此句的"厌",为厌恶之意,与上句"夫唯不厌"之"厌",字义不同。

【译文】

民众一旦不再畏惧威压胁迫,崩溃的危机就快来了。不要妨碍他们安居,不要阻挠他们谋生。

只要别去迫使民众,就不会让民众厌恶。

所以,圣人要有自知之明,而不要自我表现,要有自爱之心,而不要有自贵之态。因此,要弃后者,而取前者。

【评述】

老子在原十七章,将君王的治国分出四个层次,"太上,下知有之。其次，亲而誉之。其次，畏之。其次，侮之"（新54章）。

本章描写的情景，显然已是"畏之"不成，进入"侮之"的阶段。

在此，老子为君王划出民众不造反的两条红线："无狎其所居，无厌其所生"，即不能妨碍其安居，不能阻挠其谋生。

治国的核心问题，是君王与民众的关系，而这关系又取决于君王的自我认知，所以，老子特别强调"圣人自知不自见，自爱不自贵"，算是为君王树立榜样。

78. 民之饥，以其上食税之多，是以饥。
民之难治，以其上之有为，是以难治。
民之轻死，以其求生之厚，是以轻死。
夫唯无以生为者，是贤于贵生。

（原七十五章）

【注释】

上之有为：此处"有为"，与"无为"相对，指徭役过多。

以其求生之厚：指君王生活奢侈。他本有作"以其上求生之厚"，所指更为明确。此句王弼本与帛书本同，从王本。

轻死：不怕死。

无以生为者：历代各家注释各异，尚无确解。似可将

"无以生为"理解为"无所作为",即"无为"。

贵生:珍重生命,厚养。

【译文】

民众遭遇饥荒,是因为君王税多,赋税太重,所以吃不饱。

民众难以治理,是因为君王事多,徭役过重,所以难管治。

民众轻生犯险,是因为君王生活过于奢华,难以继续侍奉,所以不怕死。

唯有"无为"的君主,贤明过"贵生"的君王。

【评述】

本章讨论了民众生活的两大重负:赋税和徭役,以及由此可能导致"民之轻死",即百姓轻生犯险。赋税太多和徭役过重,是因为君王的生活过于奢侈,因此,结论是"无为"的君主贤于"贵生"的君王。

79. 民不畏死,奈何以死惧之?

若使民常畏死,而为奇者,吾得执而杀之,孰敢?

常有司杀者杀。夫代司杀者杀,是谓代大匠斲。夫代大匠斲者,希有不伤其手矣。

(原七十四章)

【注释】

为奇者:奇,不正,邪。此处指行为邪异之人。

有司:指专职部门。

斲(zhuó):同斫,劈、砍之义。

【译文】

民众不怕死,为什么要用死来恐吓他们呢?

如果民众真的怕死,对于那为非作歹之徒,我可以抓起来杀掉,看谁还敢?

自有专职杀人者去负责杀人。代专职杀人者去杀人,就如同代木匠去劈砍木头,很少有不弄伤自己手的。

【评述】

本章讨论的"民不畏死",上承前一章"民之轻死"的主题。

君王维护统治的终极手段是杀人。这里讨论了杀人的效果、局限和副作用。

设想了三种情景。一是"不畏死";二是"畏死";三是

"必畏死"（指犯了死罪之人。帛书乙本有"若民恒且必畏死"之句，王弼本及今传诸本多脱落）。

第一种情景中，杀人无用。第二种情景中，杀个别人即可。第三种情景中，让专职人员执行。君王若滥杀，必遭反噬。

老子对君王的告诫是，不要杀人，不要滥杀，不要亲自杀。

（十）兵事必慎

80. 以道佐人主者，不以兵强天下，其事好还。
师之所处，荆棘生焉；大军之后，必有凶年。
善有果而已，不敢以取强。
果而勿矜，果而勿伐，果而勿骄，果而不得已，果而勿强。
物壮则老，是谓不道，不道早已。

（原三十章）

【注释】

好还：王弼注，"有道者务欲还反无为，故云'其事好还'也"，意思是有道者最终还是要归返"无为"。

大军之后，必有凶年：帛书本无此句，有注家疑是"师之所处，荆棘生焉"的注文混入正文。此处从王本。

果：战果。王弼注，"果，犹济也"，意思是完成任务，达到目的。

矜：自得。

伐：夸耀。

"物壮则老"句：王弼注，"壮，武力暴兴，喻以兵强于天下者也。飘风不终朝，骤雨不终日，故暴兴必不道，早已也"。此句亦见原五十五章（新36章），文字几乎相同。

【译文】

以道辅佐君王之人，不要用兵来逞强于天下，还是回归"无为"正道为好。

兵马所到之处，一定荆棘丛生；大军碾压过后，总会出现荒年。

善用兵者，取得预期的战果即可，不会去逞强于天下。

有了战果，不可自得，有了战果，不可自夸，有了战果，不可自傲，战果的取得是不得已而为之，有了战果更不要去争强。

事物过于强盛，必然迅速衰败，所谓不守道之常规，就会早早死亡。

五、君王的统治术

【评述】

战争,是君王必须面对的又一项考验。

本章对君王的告诫是:不得已而战,限定目标,胜而不骄,不去争霸。这可以成为"慎战"四原则。

81. 夫兵者,不祥之器也,物或恶之,故有道者不处。

君子居则贵左,用兵则贵右。

兵者,不祥之器也,非君子之器也,不得已而用之,恬淡为上。

胜而不美,而美之者,是乐杀人也。夫乐杀人者,则不可以得志于天下矣。

吉事尚左,凶事尚右。偏将军居左,上将军居右,言以丧礼处之。

杀人之众,以哀悲莅之。战胜,以丧礼处之。

(原三十一章)

【注释】

夫兵者:王弼本作"夫佳兵者",多"佳"字,据帛书本改。

不祥之器也:王弼本无"也"字,据帛书本恢复。

有道者:指圣人。

君子：指君王。

贵左：以左为贵，指礼仪场合的位置。贵右、尚左、尚右，同样的表达。

非君子之器也：王弼本无"也"字，据帛书本恢复。

恬淡：沉静，淡然。

是乐杀人也：王弼本无"也"字，据帛书本恢复。

莅之：王弼本作"泣"字，据帛书本改。莅，临也，到场参加。

【译文】

兵器，是不祥之器，或是人们厌恶之物，所以，有道的圣人要远离它。

君王平日生活，以居左为贵，用兵时，则以右为贵。

兵器，是不祥之器，绝非国君之器，不得已而用之，要沉静处之。

胜利了，不要自我得意，自得之人，就是乐于杀人。乐于杀人者，不可能得逞于天下。

吉庆之事，礼仪尚左，凶丧之事，礼仪尚右。偏将军居左，上将军居右，可见战争之事是以丧礼的规制来安排。

去战场杀人的众人，要怀着悲哀之情参加。胜利了，也应以丧礼来处置。

五、君王的统治术

【评述】

老子反战,理由有两点:一是兵者不祥,非圣人之道,亦非君子之器。二是乐杀人者不可能得志于天下。

如果战争难以避免,君王不得已用之,那么,要以丧礼的规制来安排,将士要怀着悲哀之情参加,其中有视死如归的精神,也有"哀兵"必胜的道理。

82. 用兵有言:吾不敢为主而为客,不敢进寸而退尺。

是谓行无行,攘无臂,执无兵,乃无敌。

祸莫大于无敌,无敌几丧吾宝。

故抗兵相加,哀者胜矣。

(原六十九章)

【注释】

为主:指主动发起进攻。

为客:指后起应战。

攘:用手臂相搏。

执无兵,乃无敌:王弼本作"扔无敌,执无兵",应属错置,据帛书本改。

祸莫大于无敌:无敌,王弼本作"轻敌",似误,据帛书本改。

无敌几丧吾宝：无敌，王弼本作"轻敌"，似误，据帛书本改。

吾宝：指原六十七章"我有三宝"：慈，俭，不敢为天下先。

哀者：指怀有必死之心的将士。原三十一章有"杀人之众，以哀悲莅之"（新81章）。

【译文】

有用兵者说过：我不敢主动进犯，而会后起应战，不敢前进一寸，而会后退一尺。

这就是所谓有兵而无阵，相搏而不用臂，战斗而手不执兵器，以立于不败之地而"无敌"。

灾祸莫过于无敌，无敌会让我丢掉至宝。

因此，两军相战，若实力相当，怀有必死之心的哀兵必胜。

【评述】

本章主题是为战"不敢为先"，以"不败"而胜，乃至"无敌"。

难点在于对"无敌"的理解。"祸莫大于无敌，无敌几丧吾宝"，两个"无敌"王弼本都作"轻敌"，似为"无敌"之误。此句王弼注,"言吾哀慈谦退,非欲以取强无敌于天下也。不得已而卒至于无敌,斯乃吾之所以为大祸也",明确用"无敌"一词,而帛书本作"无敌",亦为确证。

此处两个"无敌",是承上句"乃无敌"而来——因不败而无敌,变得不可战胜。

那么,为什么灾祸莫过于无敌?因为"无敌几丧吾宝"。原六十七章:"我有三宝,持而保之,一曰慈,二曰俭,三曰不敢为天下先。"(新49章)无敌的状态,会让君王丢掉"三宝",特别是"不敢为天下先",而主动发起战争,从而引来更大灾祸。

战争中,军队、兵器不是不重要,但更重要的是将士视死如归的精神,这也是"哀兵必胜"说法的由来。

83. 天下有道,却走马以粪。天下无道,戎马生于郊。
祸莫大于不知足,咎莫大于欲得。
故知足之足,常足矣。

(原四十六章)

【注释】

走马以粪:让战马耕于农田。

生于郊:马驹生于郊外,意为战场。

【译文】

天下有道,战马可以用来耕田。天下无道,马驹都要生在郊外战场。

灾祸没有比不知足更大的了,罪过没有比贪欲更重的了。

因此,知足之足,是真正的知足。

【评述】

战事不绝,其根源在于君王的不知足,不知足,则"欲得";既"欲得",则会争"天下先",直至发动战争。

"祸莫大于不知足,咎莫大于欲得"之前,帛书本有"罪莫大于可欲"一句。郭店楚简本(甲编三章)有"罪莫厚乎甚欲,咎莫险乎欲得,祸莫大乎不知足"之句,可参考。

"知足之足",是指懂得"知足"之义的知足。

知足,即知止,足、止两字同源。原四十四章:"知足不辱,知止不殆。"(新87章)

(十一)我为君王忧

84. 使我介然有知,行于大道,唯施是畏。

大道甚夷,而民好径。

朝甚除,田甚芜,仓甚虚。

服文彩，带利剑，厌饮食，财货有余。

是谓盗夸，非道也哉！

（原五十三章）

【注释】

介然：注释甚多，尚无确解。帛书本作"挈"，所以，"介"字或可作"挈"字解，即携有。介然有知：指携带着知识。

施：同"迤"，不正之路。

夷：平坦。

径：狭窄的、弯曲的小道。

朝甚除：王弼注，"朝，宫室也。除，洁好也"，指宫室华美整洁。

盗夸：王弼注，"非道则皆盗夸也"，指以不合道的方式获得财物和地位。

【译文】

假使我算是有点知识，走在大道上，只怕自己走上歪道。

大道如此平坦，民众却喜欢走邪路。

宫室修饰一新，农田荒芜已久，粮仓空虚厉害。

穿着锦绣之服，配着锋利之剑，饱食精美之餐，财物多得富而有余。

这是"盗",不是"道"啊!

【评述】

本章是老子的自叹,当然,也是说给君王们听的。

老子之忧,是民众喜欢走邪路,所谓,"大道甚夷,而民好径"。

民众为什么喜欢走邪路呢?因为君王不走正道。君王不走正道,反而能过着奢侈富足的生活,民众自然效仿,也要往邪路上去。

85. 吾言甚易知,甚易行。
天下莫能知,莫能行。
言有宗,事有君。夫唯无知,是以不我知。
知我者希,则我贵矣。
是以圣人被褐而怀玉。

(原七十章)

【注释】

知我者希:希,稀少。王弼注,"唯深,故知之者希也"。

则我贵矣:王弼本作"则我者贵",据帛书本改。

被褐(hè):被,同披。褐,粗布短衣,意思是穿着粗衣。

怀玉：身怀美玉。

【译文】

我说的话，很容易懂，也很容易做。

天下没有人懂，也没有人做。

我说的话都有来由，做的事也都有根据。那些对这些根由无知的人，是不会理解我的。

理解我的人很稀少，而我就更宝贵。

所以，圣人总是身着粗衣而怀藏宝玉。

【评述】

不受君王赏识，不被世人理解，似乎是智者的命运。

所谓"甚易知"，是指知天道之"知"，王弼注，"可不出户窥牖而知"。所谓"甚易行"，是指"无为"之道，王弼注，"无为而成"。两者其实都不易。

"圣人被褐而怀玉"，此处的圣人，是指得道的圣人，也是老子的自况。

六、民众的生存策

民众如何自保？这里有教导，也有提醒。所谓"民"，不仅指百姓，还包括士族，君王之下，皆为民。

（一）道佑善者，亦佑不善者

86. 道者，万物之奥，善人之宝，不善人之所保。
美言可以市，尊行可以加人。人之不善，何弃之有？
故立天子，置三公，虽有拱璧以先驷马，不如坐进此道。
古之所以贵此道者何？不曰以求得，有罪以免邪？故为天下贵。

（原六十二章）

【注释】

　　万物之奥：万物之主。

　　美言可以市：王弼注，"美言之，则可以夺众货之贾"，指美言价值高，超出市场其他货物。

　　尊行：嘉行。

　　加人：给他人良好的影响。王弼注，"尊行之，则千里之外应之"。

　　三公：天子之下设三公，太师、太傅、太保。

　　拱璧：王弼注，"拱抱宝璧"，即捧着珍稀的玉璧而献之。

　　驷马：四匹马拉的车。

【译文】

　　道啊，是万物之主，是善者的至宝，也能让不善者获得自保。

　　美言可以具有高价，尊行可以感动他人。人虽有不善，道又何曾弃之不顾？

　　因此，天子即位，三公设立，与其先奉上珍稀玉璧，再献上驷马之车，不如坐而进献此"道"。

　　自古以来，人们为什么如此看重此"道"呢？不正是所说的求有所得、罪可求免吗？因此，天下此道最为贵重。

【评述】

本章叙说的对象不是君王,而是民众。

论述的主题是:道不择人——不仅保善人,也保不善之人;但人可择道——要美言、嘉行。

当然,最好让君王也懂得此道,可以清静无为。

道佑万物,具有一种求有所得、罪可求免的力量,虽说"人之不善,何弃之有",但"天道无亲,恒与善人"(新64章),道对善人和不善人还是有所差别的。所以,重要的是,人要循道为善。

(二)大患若身

87. 名与身孰亲?身与货孰多?得与亡孰病?
是故甚爱必大费,多藏必厚亡。
知足不辱,知止不殆,可以长久。

(原四十四章)

【注释】

得与亡:王弼注,"得名利而亡其身",指获得名利与失去性命。

甚爱:过分地追求。

大费:耗费。

厚亡：此处"亡"字，"失"之义。厚亡，大量损失。

【译文】

　　名声与人身，哪个更攸关？身心与财物，哪个更重要？得名利与失性命，哪个更有危害？

　　所以，过分求名会消耗身体，太爱积财会遭受重大损失。

　　知足可以不受屈辱，知止可以不涉危险，这样才能长久平安。

【评述】

　　本章前有三问，后有三答。

　　第一问：名与身，哪个更攸关？回答是，身，因为"甚爱必大费"——过分求名就会消耗身心。

　　第二问：身与货，哪个更重要？回答是，身，因为"多藏必厚亡"——太爱积财就会遭受大量损失，积财没有意义。

　　第三问：得名利与失性命，哪个更有危害？回答是，失性命，所以，"知足不辱，知止不殆"——一定要远离危险。

　　民众的生存之策，和君王一样，也是知足和知止。不同的是，君王考虑的是天下和君位，而民众考虑的是自己的人身和性命。

88. 宠辱若惊，贵大患若身。

何谓宠辱若惊？宠为下，得之若惊，失之若惊，是谓宠辱若惊。

何谓贵大患若身？吾所以有大患者，为吾有身，及吾无身，吾有何患？

故贵为身为天下，若可托天下；爱以身为天下，若可寄天下。

（原十三章）

【注释】

贵大患若身：贵，重视。大患，大的忧患。此句的意思是，重视忧患就像重视自己的身体一样。

宠为下：有"宠亦辱"之意。他本有作"宠为上，辱为下"，帛书本、郭店楚简本（乙本一编四章）均作"宠为下"，可证王本无误。

贵为身为天下：王弼本作"贵以身"，据帛书本改。贵为身，王弼注，"无以易其身，故曰'贵'也"，指至贵之人。

若可托天下："托"字，王弼本作"寄"字，但注为"如此乃可以托天下也"，可证"托"字正确。据帛书本改。托，托付。

爱以身：以身为最爱。

六、民众的生存策

若可寄天下:"寄"字,王弼本作"托"字,但注为"如此乃可以寄天下也",可证此处应为"寄"字。据帛书本改。寄,寄居。

【译文】

得宠和受辱,都要感到惊恐,重视这忧患就像重视自己的身体一样。

什么叫"宠辱若惊"呢?得宠亦如受辱,得到时要惊恐,失去时也要惊恐,这就是"宠辱若惊"。

什么叫"贵大患若身"?我有大的忧患,就是因为我有这个身躯,如果我没有这个身躯,我能有什么忧患呢?

因此,如果是至贵之人,可以托付天下;如果是最爱自身,可以寄居于天下。

【评述】

本章继续讲人要重视自己的人身与性命,不要轻易受宠辱荣患的诱惑。

面对君王的宠辱,都要保持惊恐之心,因为宠辱皆能带来大患。王弼在注中解释:"宠必有辱,荣必有患。宠辱等,荣患同也。"

大患，由宠辱带来而事关生死的忧患。大患之所以成患，是因为人有此躯体，身心可以受苦，性命可以不保。

如果能舍弃躯体，人自然可以无忧无患，不然，还是应以自己的人身和性命为重。

最后两句是假设句：如果你有君王之命，那么天下可以托付给你；如果没有，不如寄居于天下，好好爱惜自己的生命。

这最后两句："故贵为身为天下，若可托天下；爱以身为天下，若可寄天下。"王弼本及传世各本，与帛书本多有文字差异，主要不同之处，是"托""寄"两字在句中的前后位置，王弼本"寄"前"托"后，帛书本"托"前"寄"后，就观点表述而言，帛书本更为准确通顺。

（三）趋生避死

89. 出生入死。

生之徒十有三，死之徒十有三，人之生，动之死地亦十有三。夫何故？以其生生之厚。

盖闻善摄生者，陆行不遇兕虎，入军不被甲兵；兕无所投其角，虎无所措其爪，兵无所容其刃。

夫何故？以其无死地。

（原五十章）

【注释】

十有三：十之有三。

生生之厚：过于追求生活丰厚。

摄生：保全生命。

兕（sì）：犀牛类猛兽。

【译文】

有些地方，出者生，入者亡。

人得全寿的，十有其三，短命早亡的，十有其三，本应全寿而入死地早亡的，也十有其三。为什么会这样呢？因为过于追求生活的丰厚。

据闻，善于保全生命的人，陆上行走，不会遇到犀牛、猛虎，加入军队，不会被甲兵所伤；犀牛找不到地方用角攻击，猛虎也无处用爪抓扑，兵器更难以刃伤其身。

为什么会这样呢？因为没有进入死地。

【评述】

本章探讨人之生死。人如何生存自保呢？答案是：不入死地。

出生入死，可以理解为人从出生到死亡的生命过程，也可以理解为，有些"死地"，出者生，入者亡。两种理解并行不悖，但后种可能更符合文本原意，因为本章讨论的是"死地"，王弼注，"出生地，入死地"。

"死地"有哪些呢？荒野、战场，人还能避之，有一处没有明言——君王之侧。王弼注，"然而卒以甘饵，乃入于无生之地，岂非生生之厚乎"。那是真正的"入死"之地。这也是对上一章"宠辱若惊"之说的呼应。

宋代苏辙《老子解》："生死之道以十言之，三者各居其三矣。……老子言其九，不言其一，使人自得之。"那其一，应当就是那些不"入死地"的善摄生者。

90. 勇于敢则杀，勇于不敢则活，此两者或利或害。
天之所恶，孰知其故？是以圣人犹难之。
天之道，不争而善胜，不言而善应，不召而自来，繟然而善谋。
天网恢恢，疏而不失。

（原七十三章）

【注释】

勇于敢则杀：王弼注，"必不得其死也"，指会被杀死。

是以圣人犹难之：此句亦见原六十三章，帛书本无此句，疑似重简,且从王本。

繟(chǎn)然:坦然。

【译文】

勇于敢者,会被杀死,勇于不敢者,会活下来,两者都是"勇",结果却是或利或害。上天不喜欢的是哪一种呢,有谁知道其中缘故吗?这是圣人也难以回答的。

天之道,不争而能得到胜利,不言而能得到呼应,不召而能得到驰援,安然不急而能得到善策良谋。

天网宽广无边,虽然空疏,却从不遗漏任何东西。

【评述】

做勇于敢者,还是做勇于不敢者?老子没有明确回答,只说"圣人犹难之"。但是,从后面所讲的"天之道"来推断,老子是赞同勇于不敢者——活着,最重要。

有些事情,非人力可为,而上天最终会去完成,这就是"天网恢恢,疏而不失"的意思。

老子讲"存身待天",孔子讲"杀身成仁",从中可以看出道、儒之间不同的处世方式。

91. 人之生也柔弱,其死也坚强。万物草木之生也柔脆，其死也枯槁。

故坚强者，死之徒；柔弱者，生之徒。

是以兵强则不胜，木强则兵。

强大处下，柔弱处上。

（原七十六章）

【注释】

坚强：此处应含双意，本义是坚硬强大，引申为僵硬。

枯槁：枯干。

木强则兵：树木长得高大了，就会被伐去做兵器。"兵"字，它本有作"折"字，也有作"烘"字，且从王本。

【译文】

人在生时，身体是柔软的，死后会变得僵硬。万物草木在生时，枝条是柔脆的，死后会变得枯干。

因此，坚强者，都与死相关联；柔弱者，都与生相关联。

所以，军队强大未必会胜，树木长大反而会被砍伐。

强大者，会处下，弱小者，会居上。

【评述】

本章继续论述生死，阐述生于柔弱，死于坚强的道理。

先从人和草木生死时的不同状态说起,再谈到兵强不胜、木强被伐的现象,结论是"强大处下,柔弱处上"——这不仅是人的命运,也是道的本质。

取柔守弱,是民众的求存之道。

(四)做人做事

92. 知人者智,自知者明。
    胜人者有力,自胜者强。
    知足者富,强行者有志。
    不失其所者久,死而不亡者寿。

(原三十三章)

【注释】

强行:勤而行之。

不失其所:指不失其本。

死而不亡:王弼注,"身没而道犹存",指肉体虽死,所求之道仍在。"亡"字,帛书本作"忘"字,亦通。

【译文】

了解别人的人有智慧,认清自己的人有自知之明。

战胜别人的人有力量,战胜自己的人真正强大。

知足的人富有，勤而行之的人志向必达。

不失其所本的人能久安，身死而与道长存的人才算高寿。

【评述】

做人最重要的是：自知、自胜、知足、勤行之、不失其所，其关键在于一个"自"字。

自知，王弼注，"知人者，智而已矣，未若自知者，超智之上也"。

自胜，王弼注，"胜人者，有力而已矣，未若自胜者，无物以损其力"。

知足，王弼注，"知足者自不失，故富也"。

勤行之，王弼注，"勤能行之，其志必获"。

不失其所，王弼注，"以明自察，量力而行，不失其所，必获久长矣"。

若是想追求不朽，就要自己尊道而行，争取与道共存。

93. 合抱之木，生于毫末；九层之台，起于累土；千里之行，始于足下。

……………

民之从事，常于几成而败之。慎终如始，则无

六、民众的生存策

败事。

(原六十四章)

【注释】

毫末：细小的萌芽。

累土：堆土。

【译文】

合抱的大树，生长于细小的萌芽；九层的高台，筑起于每一筐土；千里的远行，起始于脚下的第一步。

……………

民众做事，常在快要成功时失败。事情快要做成时，一定要像开始时一样慎重，那样就不会失败。

【评述】

做事最重要的是：始终如一，慎终如始。

巨木生于萌芽，高台起于累土，远行始于足下，正是原六十三章所言"天下大事必作于细"（新40章）的道理。

俗话说，万事开头难。实际上，最终完成更难。

老子告诫民众要"慎终如始"，因为"民之从事，常于几成而败之"。为什么会这样呢？宋代苏辙《老子解》于此有所解释，说圣人知有为之害，不以人助天，始终皆因其自然，故能成事。世人心存得丧之念，事始之时，还能听其自然，待快成之时，必为而败之，不能始终如一。

本章为原六十四章中间两段，前有文字："其安易持，其未兆易谋。其脆易泮，其微易散。为之于未有，治之于未乱。"两段之间有文字："为者败之，执者失之。是以圣人无为故无败，无执故无失。"后有文字："是以圣人欲不欲，不贵难得之货。学不学，复众人之所过。以辅万物之自然，而不敢为。"

本章两段文字，在郭店楚简本中，散见于各章，而"慎终如始"一句两见。这也证明，原六十四章的内容，是由各章文字集合而成。

（五）小国寡民

94. 小国寡民，使有什伯之器而不用，使民重死而不远徙。
虽有舟舆，无所乘之；虽有甲兵，无所陈之；使人复结绳而用之。
甘其食，美其服，安其居，乐其俗。
邻国相望，鸡犬之声相闻，民至老死不相往来。

（原八十章）

六、民众的生存策

【注释】

小国寡民：指国小民少。

什伯之器：什伯，同"十百"，指可供大量的人使用的器具。帛书本作"十百人器"，可证其意。此处从王本。

重死：看重死亡，即不肯轻生。

徙：迁居，移民。

结绳：结绳记事。

【译文】

小国寡民，即使有上百人用的器具，也无须使用，即使百姓并非不怕死，也不会远远迁移。

虽然有船车，无处可去；虽然有甲兵，无处布阵；让民众回到古时，重新以结绳记事。

饮食香甜，服饰美丽，居所身安，习俗心乐。

邻国遥遥在望，互相听得到鸡犬之声，但百姓直到老死，也不相互来往。

【评述】

小国寡民，是老子的政治理想，也是他心中的"理想国"。

对民众而言，这的确是"理想国"——没有战乱，没有欺压，足食丰衣，安居乐业，还有自由，虽然科技会落后一点，回到结绳记事。

对君王而言，这不是"理想国"，而是"死地"，大国争霸才是君王的生存之道。

因此，老子的小国寡民，只能是无法实现的政治理想。

七、终章

一位崇道者的困惑、孤独和坚守。

95. 绝学无忧。
唯之与阿,相去几何?善之与恶,相去若何?
人之所畏,不可不畏。
望兮,其未央哉!众人熙熙,如享太牢,如春登台。
我独泊兮其未兆,如婴儿之未孩。累累兮,若无所归!
众人皆有余,而我独若遗。我愚人之心也哉!沌沌兮!
俗人昭昭,我独昏昏;俗人察察,我独闷闷。
澹兮,其若海;飂兮,若无止。

众人皆有以,而我独顽似鄙。
我独异于人,而贵食母。

(原二十章)

【注释】

绝学无忧:即原十九章"绝圣弃智"之意,绝学断智,才能无忧无虑。有注家认为此句应在原十九章之末,考之郭店楚简本,应为原二十章首句,王本无误。

唯之与阿:唯,是。阿,同"呵",否,不是。帛书本作"呵"。呵,责也。

不可不畏:帛书本作"亦不可以不畏人",此处从王本。

望兮:望,王弼本作"荒"。帛书乙本作"朢",即"望"字古体,应为本字,据帛书本改。

未央:未尽。

太牢:祭祀时用的牛、羊、豕等供品,祭祀后,可以当食物享用。

如婴儿之未孩:指尚未成为孩童的婴儿之态,有混沌之意。帛书乙本作"咳"字,有注家释为"小儿笑也",于文意不通。

累累:疲倦貌。

众人皆有余:王弼注,"众人无不有怀有志,盈溢胸心,故曰:'皆有余'也",指众人都志向远大,豪情满怀。

若遗：王弼注，"无为无欲，若遗失之也"。

沌沌：混沌。

澹（dàn）：波浪起伏。

飂（liù）：飘。

有以：王弼注，"以，用也"。

顽似鄙：帛书本作"顽以鄙"，且从王本。顽，愚也。鄙，无知，缺少见识。

食母：王弼注，"食母，生之本也"，指生养万物天地的道。

【译文】

绝学断智，就能无忧。

是与否，相距有多远呢？善与恶，又相差多少呢？大家所畏惧的东西，一定有让人畏惧的道理。

远望一下吧，山野无边无际啊！众人熙熙攘攘，像是祭日去享用盛餐，像是春天去登高台。

只有我的精神仍在独自漂泊，尚未成形，如同还没有成为孩童的婴儿。疲倦啊，好像无处可归！

众人都志向远大，豪情满怀，只有我孤独而无作为，似乎遗失在世间。我有一颗愚人之心啊！混混沌沌啊！

世俗之人聪明灵光，只有我昏然愚昧；世俗之人明察一切，只有我浑然不觉。

波涛汹涌啊，像是大海一般辽阔；随风飘起啊，像是飞向无极之境。

众人都是有用之才，而我愚笨又无知。

我真的异于众人，只因我尊崇万物和天地的生养之母——道。

【评述】

此为全书终章，感觉是老子写完《道德经》后，以此章来表明了心迹。

终日读书，读到了自我怀疑的地步。

是与否，善与恶，不仅共生，更是同源。这就是"人之所畏"背后，不得不畏的东西。

那天，终于完成了《道德经》，走出了守藏室，来到了久违的现实世界。

登高望远，到处是熙熙攘攘的人群，一片欢快热闹，有吃有喝，有玩有乐。

在人群中，突然感到无名的孤独。没人理解，也没人关心。自己和这个世俗生活已经格格不入。

自己的心，仍飘浮在道的初始混沌中。"澹兮，其若海；飂兮，若无止"，都是那种身心感受和精神体验的真实描述。

既然难以重新进入眼前的现实世界，自己只能与众人不同，独自走一条尊崇万物之母的"大道"。

参考书目

《帛书老子校注》
  高明 撰，
  北京：中华书局，
  1996 年 5 月

《老子道德经注》
  （魏）王弼 注，楼宇烈 校释，
  北京：中华书局，
  2011 年 1 月

《管锥编》
  钱锺书 著，
  北京：生活·读书·新知三联书店，
  2007 年 12 月

附 录

附录一

《新道德经》
正文

道　编

一、道之总纲

1. 道，可道也，非恒道也；名，可名也，非恒名也。
   无名，天地之始也；有名，万物之母也。
   故恒无欲也，以观其妙；恒有欲也，以观其徼。
   此两者，同出而异名，同谓之玄，玄之又玄，众妙之门。

   （原一章）

二、道有两态

2. 有物混成，先天地生。
   寂兮寥兮，独立不改，周行而不殆，可以为天地母。
   吾不知其名也，字之曰道，强为之名曰大。大曰逝，逝曰远，远曰反。
   故道大，天大，地大，王亦大。域中有四大，而王居其一焉。

人法地，地法天，天法道，道法自然。

（原二十五章）

3. 视之不见名曰夷，听之不闻名曰希，搏之不得名曰微。此三者不可致诘，故混而为一。
其上不皦，其下不昧。绳绳不可名，复归于无物。是谓无状之状，无物之象。是谓惚恍。
迎之不见其首，随之不见其后。
执今之道，以御今之有，能知古始，是谓道纪。

（原十四章）

4. 道生一，一生二，二生三，三生万物。万物负阴而抱阳，冲气以为和。

（原四十二章）

三、观"无名"之妙

〈自今及古〉

5. 道之为物，惟恍惟惚。
惚兮恍兮，其中有象；恍兮惚兮，其中有物。
窈兮冥兮，其中有精；其精甚真，其中有信。
自今及古，其名不去，以阅众甫。
吾何以知众甫之状哉？以此。

（原二十一章）

〈闭塞感官〉

6. 道，冲而用之，或不盈也。渊兮，似万物之宗。
挫其锐，解其纷，和其光，同其尘。

湛兮，似或存。吾不知谁之子也，象帝之先。

（原四章）

7. 塞其兑，闭其门，挫其锐，解其纷，和其光，同其尘，是谓玄同。
故不可得而亲，不可得而疏；不可得而利，不可得而害；不可得而贵，不可得而贱，故为天下贵。

（原五十六章）

8. 五色令人目盲，五音令人耳聋，五味令人口爽。

（原十二章）

〈弃智绝学〉

9. 为学日益，为道日损。损之又损，以至于无为。

（原四十八章）

10. 不出户，知天下；不窥牖，见天道。其出弥远，其知弥少。是以圣人不行而知，不见而名，不为而成。

（原四十七章）

11. 知者不言，言者不知。

（原五十六章）

12. 知不知，尚矣；不知知，病矣。
圣人不病，以其病病，是以不病。

（原七十一章）

〈归根守静〉

13. 致虚极也，守静笃也，万物并作，吾以观其复也。
夫物芸芸，各复归其根。归根曰静，是谓复命。复命曰常，知常曰明。
不知常，妄作，凶。

知常容，容乃公，公乃王，王乃天，天乃道，道乃久，没身不殆。

（原十六章）

14. 天下有始，以为天下母。既得其母，以知其子；既知其子，复守其母，没身不殆。
塞其兑，闭其门，终身不勤；开其兑，济其事，终身不救。见小曰明，守柔曰强。用其光，复归其明，无遗身殃，是谓习常。

（原五十二章）

四、执"有名"之象

〈象中有道〉

15. 执大象，天下往。往而不害，安平太。
乐与饵，过客止。
故道之出言也，淡乎其无味也，视之不足见也，听之不足闻也，用之不可既也。

（原三十五章）

〈正反相成〉

16. 天下皆知美之为美，斯恶已；皆知善之为善，斯不善已。
故有无相生，难易相成，长短相较，高下相倾，音声相和，前后相随，恒也。
是以圣人处无为之事，行不言之教；万物作焉而不辞，生而不有，为而不恃，功成而弗居。
夫唯弗居，是以不去。

（原二章）

〈以无为用〉

17. 三十辐共一毂，当其无，有车之用也。埏埴以为器，当其无，有器之用也。凿户牖以为室，当其无，有室之用也。故有之以为利，无之以为用。

（原十一章）

〈柔水至坚〉

18. 天下莫柔弱于水，而攻坚强者莫之能胜，其无以易之。弱之胜强，柔之胜刚，天下莫不知，莫能行。

（原七十八章）

19. 天下之至柔，驰骋天下之至坚，无有入无间。
吾是以知无为之有益。
不言之教，无为之益，天下希及之。

（原四十三章）

〈居下不争〉

20. 上善若水。水善利万物而不争，处众人之所恶，故几于道。

（原八章）

〈大成若缺〉

21. 大成若缺，其用不弊；大盈若冲，其用不穷。大直若屈，大巧若拙，大辩若讷。

（原四十五章）

〈曲全枉直〉

22. 曲则全，枉则直，洼则盈，敝则新，少则得，多则惑。
…………
古之所谓曲则全者，岂虚言哉！诚全而归之。

（原二十二章）

〈久而不恒〉

23. 希言自然。故飘风不终朝，骤雨不终日。孰为此者？天地。天地尚不能久，而况于人乎？

（原二十三章）

五、道，玄妙之源

24. 谷神不死，是谓玄牝。玄牝之门，是谓天地之根。绵绵若存，用之不勤。

（原六章）

25. 反者，道之动；弱者，道之用。天下万物生于有，有生于无。

（原四十章）

26. 躁胜寒，静胜热。清静为天下正。

（原四十五章）

27. 大道氾兮，其可左右。万物恃之而生而不辞，功成不名有，衣养万物而不为主。
恒无欲，可名于小；万物归焉而不为主，可名为大。
以其终不自为大，故能成其大。

（原三十四章）

德　编

一、德之总纲

28. 上德不德，是以有德；下德不失德，是以无德。上德无为而无以为,下德为之而有以为。上仁为之而无以为,上义为之而有以为,上礼为之而莫之应,则攘臂而扔之。
故失道而后德,失德而后仁,失仁而后义,失义而后礼。夫礼者,忠信之薄而乱之首。
前识者,道之华而愚之始。是以大丈夫处其厚,不居其薄;处其实,不居其华。故去彼取此。

（原三十八章）

二、德由道生

29. 道生之,德畜之,物形之,势成之。是以万物莫不尊道而贵德。
道之尊,德之贵,夫莫之命也,而恒自然也。
故道生之,德畜之,长之、育之、亭之、毒之、养之、覆之。
生而不有,为而不恃,长而不宰,是谓玄德。

（原五十一章）

30. 载营魄抱一,能无离乎?专气致柔,能婴儿乎?涤除玄览,能无疵乎?爱民治国,能无知乎?天门开阖,能无雌乎?明白四达,能无为乎?
生之、畜之。生而不有,为而不恃,长而不宰,是谓玄德。

（原十章）

三、德分上下,人以德分

31. 孔德之容,惟道是从。

（原二十一章）

32. 上士闻道，勤而行之；中士闻道，若存若亡；下士闻道，大笑之，不笑，不足以为道。
故建言有之：明道若昧，进道若退，夷道若颣。
上德若谷，大白若辱，广德若不足，建德若偷，质真若渝。
大方无隅，大器免成，大音希声，大象无形，道隐无名。
夫唯道，善始且善成。

（原四十一章）

33. 故从事于道者，道者同于道，德者同于德，失者同于失。
同于道者，道亦乐得之；同于德者，德亦乐得之；同于失者，失亦乐得之。
信不足，焉有不信焉。

（原二十三章）

34. 大道废，有仁义；智慧出，有大伪；六亲不和，有孝慈；国家昏乱，有忠臣。

（原十八章）

四、圣人的天下式

〈厚德之人〉

35. 古之善为道者，微妙玄通，深不可识。夫唯不可识，故强为之容：豫兮，若冬涉川；犹兮，若畏四邻；俨兮，其若客；涣兮，若冰之将释；敦兮，其若朴；旷兮，其若谷；混兮，其若浊。
孰能浊以静之徐清？孰能安以动之徐生？
保此道者不欲盈。夫唯不盈，故能蔽而新成。

（原十五章）

36. 含德之厚者，比于赤子。蜂虿虺蛇不螫，猛兽不据，攫鸟不搏。

骨弱筋柔而握固，未知牝牡之合而全作，精之至也。终日号而不嗄，和之至也。

知和曰常，知常曰明。益生曰祥，心使气曰强。物壮则老，谓之不道，不道早已。

（原五十五章）

〈处世不争〉

37. 企者不立，跨者不行。自见者不明，自是者不彰，自伐者无功，自矜者不长。

其在道也，曰余食赘行。物或恶之，故有道者不处。

（原二十四章）

38. 是以圣人抱一为天下式。不自见故明，不自是故彰，不自伐故有功，不自矜故长。

夫唯不争，故天下莫能与之争。

（原二十二章）

〈知雄守雌〉

39. 知其雄，守其雌，为天下溪。为天下溪，恒德不离，复归于婴儿。

知其白，守其黑，为天下式。为天下式，恒德不忒，复归于无极。

知其荣，守其辱，为天下谷。为天下谷，恒德乃足，复归于朴。

朴散则为器，圣人用之则为官长。故大制不割。

（原二十八章）

〈无为无不为〉

40. 为无为,事无事,味无味。

大小多少,报怨以德。

图难于其易,为大于其细。天下难事必作于易,天下大事必作于细。是以圣人终不为大,故能成其大。

夫轻诺必寡信,多易必多难。是以圣人犹难之,故终无难矣。

(原六十三章)

41. 无为而无不为。取天下常以无事,及其有事,不足以取天下。

(原四十八章)

42. 是以圣人欲不欲,不贵难得之货;学不学,复众人之所过;以辅万物之自然,而不敢为。

(原六十四章)

〈上善之善〉

43. 善行无辙迹,善言无瑕谪,善数不用筹策,善闭无关楗而不可开,善结无绳约而不可解。

是以圣人恒善救人,故无弃人;恒善救物,故无弃物,是谓袭明。

故善人者,不善人之师;不善人者,善人之资。不贵其师,不爱其资,虽智大迷,是谓要妙。

(原二十七章)

44. 居善地,心善渊,与善仁,言善信,正善治,事善能,动善时。

夫唯不争，故无尤。

（原八章）

〈小德小用，大德大用〉

45. 善建者不拔，善抱者不脱，子孙以祭祀不辍。
    修之于身，其德乃真；修之于家，其德乃余；修之于乡，其德乃长；修之于国，其德乃丰；修之于天下，其德乃普。
    故以身观身，以家观家，以乡观乡，以国观国，以天下观天下。
    吾何以知天下然哉？以此。

（原五十四章）

〈圣人无私〉

46. 圣人恒无心，以百姓心为心。
    善者，吾善之；不善者，吾亦善之。德善也。
    信者，吾信之；不信者，吾亦信之。德信也。
    圣人在天下歙歙焉，为天下浑其心。百姓皆注其耳目，圣人皆孩之。

（原四十九章）

47. 天长地久。天地所以能长且久者，以其不自生，故能长生。
    是以圣人后其身而身先，外其身而身存。非以其无私邪？故能成其私。

（原七章）

48. 信言不美，美言不信。善者不辩，辩者不善。知者不博，博者不知。
    圣人不积。既以为人，己愈有；既以与人，己愈多。

天之道，利而不害。
圣人之道，为而不争。

（原八十一章）

〈我有三宝〉

49. 天下皆谓我道大，似不肖。夫唯大，故似不肖。若肖，久矣其细也夫！

我有三宝，持而保之。一曰慈，二曰俭，三曰不敢为天下先。

慈，故能勇；俭，故能广；不敢为天下先，故能成器长。

今舍慈且勇，舍俭且广，舍后且先，死矣！

夫慈，以战则胜，以守则固。天将救之，以慈卫之。

（原六十七章）

五、君王的统治术

〈得一者，得天下〉

50. 昔之得一者，天得一以清，地得一以宁，神得一以灵，谷得一以盈，万物得一以生，侯王得一以为天下正。

其致之，天无以清将恐裂，地无以宁将恐发，神无以灵将恐歇，谷无以盈将恐竭，万物无以生将恐灭，侯王无以贵高将恐蹶。

故贵以贱为本，高以下为基。是以侯王自谓孤、寡、不谷。此非以贱为本邪？非乎？

故致数舆无舆，不欲琭琭如玉，珞珞如石。

（原三十九章）

51. 人之所恶，唯孤、寡、不谷，而王公以为称。故物或损之而益，或益之而损。

    人之所教，我亦教之：强梁者不得其死。吾将以为教父。

    （原四十二章）

    〈如何无为之治〉

52. 道恒无为而无不为。侯王若能守之，万物将自化。

    化而欲作，吾将镇之以无名之朴。

    无名之朴，夫亦将无欲。不欲以静，天下将自正。

    （原三十七章）

53. 道恒无名，朴虽小，天下莫能臣也。侯王若能守之，万物将自宾。

    天地相合以降甘露，民莫之令而自均。

    始制有名，名亦既有，夫亦将知止，知止可以不殆。

    譬道之在天下，犹川谷之于江海。

    （原三十二章）

54. 太上，下知有之。其次，亲而誉之。其次，畏之。其次，侮之。

    信不足，焉有不信焉。

    悠兮，其贵言也。功成事遂，百姓皆谓我自然。

    （原十七章）

55. 其政闷闷，其民淳淳；其政察察，其民缺缺。

    （原五十八章）

56. 治大国若烹小鲜。

    以道莅天下，其鬼不神；非其鬼不神，其神不伤人；非其神不伤人,圣人亦不伤人。
夫两不相伤,故德交归焉。

（原六十章）

〈民可愚之〉

57. 古之善为道者,非以明民,将以愚之。
民之难治,以其智多。
故以智治国,国之贼也;不以智治国,国之福也。
知此两者,亦稽式。常知稽式,是谓玄德。
玄德深矣,远矣,与物反矣,然后乃至大顺。

（原六十五章）

58. 绝圣弃智,民利百倍;绝仁弃义,民复孝慈;绝巧弃利,盗贼无有。
此三者,以为文不足,故令有所属:见素抱朴,少私寡欲。

（原十九章）

59. 不尚贤,使民不争;不贵难得之货,使民不为盗;不见可欲,使民心不乱。
是以圣人之治,虚其心,实其腹,弱其志,强其骨,常使民无知无欲,使夫智者不敢为也。
为无为,则无不治。

（原三章）

60. 驰骋畋猎令人心发狂,难得之货令人行妨。
是以圣人为腹不为目,故去彼取此。

（原十二章）

61. 以正治国,以奇用兵,以无事取天下。吾何以知其然哉?

以此。

天下多忌讳，而民弥贫；民多利器，国家滋昏；人多伎巧，奇物滋起；法令滋彰，盗贼多有。

故圣人云：我无为而民自化，我好静而民自正，我无事而民自富，我无欲而民自朴。

（原五十七章）

〈取天道，不取人道〉

62. 天地不仁，以万物为刍狗；圣人不仁，以百姓为刍狗。
天地之间，其犹橐龠乎？虚而不屈，动而愈出。
多闻数穷，不如守中。

（原五章）

63. 天之道，其犹张弓与？高者抑之，下者举之；有余者损之，不足者补之。
天之道，损有余而补不足。
人之道则不然，损不足以奉有余。
孰能有余以奉天下？唯有道者。
是以圣人为而不恃，功成而不处，其不欲见贤。

（原七十七章）

64. 和大怨，必有余怨，安可以为善？
是以圣人执左契，而不责于人。
有德司契，无德司彻。
天道无亲，恒与善人。

（原七十九章）

〈以不争而争之〉

65. 江海所以能为百谷王者，以其善下之，故能为百谷王。

是以欲上民,必以言下之;欲先民,必以身后之。
是以圣人处上而民不重,处前而民不害,是以天下乐推而不厌。
以其不争,故天下莫能与之争。

(原六十六章)

66. 大国者下流,天下之交,天下之牝。牝常以静胜牡,以静为下。
故大国以下小国,则取小国;小国以下大国,则取于大国。
故或下以取,或下而取。
大国不过欲兼畜人,小国不过欲入事人。夫两者各得其所欲,大者宜为下。

(原六十一章)

67. 善为士者,不武;善战者,不怒;善胜敌者,不与;善用人者,为之下。是谓不争之德,是谓用人之力,是谓配天,古之极也。

(原六十八章)

68. 将欲取天下而为之,吾见其不得已。
天下神器,不可为也。为者败之,执者失之。
故物或行或随,或歔或吹,或强或羸,或挫或隳。
是以圣人去甚、去奢、去泰。

(原二十九章)

69. 为者败之,执者失之。
是以圣人无为故无败,无执故无失。

(原六十四章)

〈欲夺先予〉

70. 将欲歙之，必固张之；将欲弱之，必固强之；将欲废之，必固兴之；将欲夺之，必固与之；是谓微明。
柔弱胜刚强，鱼不可脱于渊。国之利器不可以示人。

（原三十六章）

〈祸福相依〉

71. 祸兮，福之所倚；福兮，祸之所伏。
孰知其极？其无正也。
正复为奇，善复为妖。人之迷，其日固久。
是以圣人方而不割，廉而不刿，直而不肆，光而不耀。

（原五十八章）

72. 是以圣人云："受国之垢，是谓社稷主；受国不祥，是为天下王。"
正言若反。

（原七十八章）

〈长久之道〉

73. 治人事天，莫若啬。
夫唯啬，是谓早服。早服谓之重积德。重积德则无不克，无不克则莫知其极。莫知其极，可以有国；有国之母，可以长久。
是谓深根固柢，长生久视之道。

（原五十九章）

74. 重为轻根，静为躁君，是以圣人终日行不离辎重。虽有荣观，燕处超然。
奈何万乘之主，而以身轻天下？

轻则失本,躁则失君。

(原二十六章)

75. 其安易持,其未兆易谋,其脆易泮,其微易散。为之于未有,治之于未乱。

(原六十四章)

76. 持而盈之,不如其已。揣而锐之,不可长保。金玉满堂,莫之能守;富贵而骄,自遗其咎。
功遂身退,天之道也。

(原九章)

〈民困勿迫〉

77. 民不畏威,则大威至。无狎其所居,无厌其所生。
夫唯不厌,是以不厌。
是以圣人自知不自见,自爱不自贵。故去彼取此。

(原七十二章)

78. 民之饥,以其上食税之多,是以饥。
民之难治,以其上之有为,是以难治。
民之轻死,以其求生之厚,是以轻死。
夫唯无以生为者,是贤于贵生。

(原七十五章)

79. 民不畏死,奈何以死惧之?
若使民常畏死,而为奇者,吾得执而杀之,孰敢?
常有司杀者杀。夫代司杀者杀,是谓代大匠斲。
夫代大匠斲者,希有不伤其手矣。

(原七十四章)

〈兵事必慎〉

80. 以道佐人主者，不以兵强天下，其事好还。
师之所处，荆棘生焉；大军之后，必有凶年。
善有果而已，不敢以取强。
果而勿矜，果而勿伐，果而勿骄，果而不得已，果而勿强。
物壮则老，是谓不道，不道早已。

（原三十章）

81. 夫兵者，不祥之器也，物或恶之，故有道者不处。
君子居则贵左，用兵则贵右。
兵者，不祥之器也，非君子之器也，不得已而用之，恬淡为上。
胜而不美，而美之者，是乐杀人也。夫乐杀人者，则不可以得志于天下矣。
吉事尚左，凶事尚右。偏将军居左，上将军居右，言以丧礼处之。
杀人之众，以哀悲莅之。战胜，以丧礼处之。

（原三十一章）

82. 用兵有言：吾不敢为主而为客，不敢进寸而退尺。
是谓行无行，攘无臂，执无兵，乃无敌。
祸莫大于无敌，无敌几丧吾宝。
故抗兵相加，哀者胜矣。

（原六十九章）

83. 天下有道，却走马以粪。天下无道，戎马生于郊。
祸莫大于不知足，咎莫大于欲得。

故知足之足，常足矣。

（原四十六章）

〈我为君王忧〉

84. 使我介然有知，行于大道，唯施是畏。
大道甚夷，而民好径。
朝甚除，田甚芜，仓甚虚。
服文彩，带利剑，厌饮食，财货有余。
是谓盗夸，非道也哉！

（原五十三章）

85. 吾言甚易知，甚易行。
天下莫能知，莫能行。
言有宗，事有君。夫唯无知，是以不我知。
知我者希，则我贵矣。
是以圣人被褐而怀玉。

（原七十章）

六、民众的生存策

〈道佑善者，亦佑不善者〉

86. 道者，万物之奥，善人之宝，不善人之所保。
美言可以市，尊行可以加人。人之不善，何弃之有？
故立天子，置三公，虽有拱璧以先驷马，不如坐进此道。
古之所以贵此道者何？不曰以求得，有罪以免邪？故为天下贵。

（原六十二章）

〈大患若身〉

87. 名与身孰亲？身与货孰多？得与亡孰病？
是故甚爱必大费，多藏必厚亡。
知足不辱，知止不殆，可以长久。

（原四十四章）

88. 宠辱若惊，贵大患若身。
何谓宠辱若惊？宠为下，得之若惊，失之若惊，是谓宠辱若惊。
何谓贵大患若身？吾所以有大患者，为吾有身，及吾无身，吾有何患？
故贵为身为天下，若可托天下；爱以身为天下，若可寄天下。

（原十三章）

〈趋生避死〉

89. 出生入死。
生之徒十有三，死之徒十有三，人之生，动之死地亦十有三。夫何故？以其生生之厚。
盖闻善摄生者，陆行不遇兕虎，入军不被甲兵；兕无所投其角，虎无所措其爪，兵无所容其刃。
夫何故？以其无死地。

（原五十章）

90. 勇于敢则杀，勇于不敢则活，此两者或利或害。天之所恶，孰知其故？是以圣人犹难之。
天之道，不争而善胜，不言而善应，不召而自来，繟然而善谋。
天网恢恢，疏而不失。

（原七十三章）

91. 人之生也柔弱，其死也坚强。万物草木之生也柔脆，其死也枯槁。

故坚强者，死之徒；柔弱者，生之徒。

是以兵强则不胜，木强则兵。

强大处下，柔弱处上。

（原七十六章）

〈做人做事〉

92. 知人者智，自知者明。

胜人者有力，自胜者强。

知足者富，强行者有志。

不失其所者久，死而不亡者寿。

（原三十三章）

93. 合抱之木，生于毫末；九层之台，起于累土；千里之行，始于足下。

…… ……

民之从事，常于几成而败之。慎终如始，则无败事。

（原六十四章）

〈小国寡民〉

94. 小国寡民，使有什伯之器而不用，使民重死而不远徙。

虽有舟舆，无所乘之；虽有甲兵，无所陈之；使人复结绳而用之。

甘其食，美其服，安其居，乐其俗。

邻国相望，鸡犬之声相闻，民至老死不相往来。

（原八十章）

七、终章

95. 绝学无忧。
    唯之与阿,相去几何?善之与恶,相去若何?人之所畏,不可不畏。
    望兮,其未央哉!众人熙熙,如享太牢,如春登台。
    我独泊兮其未兆,如婴儿之未孩。累累兮,若无所归!
    众人皆有余,而我独若遗。我愚人之心也哉!沌沌兮!
    俗人昭昭,我独昏昏;俗人察察,我独闷闷。
    澹兮,其若海;飂兮,若无止。
    众人皆有以,而我独顽似鄙。
    我独异于人,而贵食母。

    （原二十章）

附录二

《道德经》
（王弼本）

第一章

道可道，非常道；名可名，非常名。无名天地之始，有名万物之母。故常无欲，以观其妙；常有欲，以观其徼。此两者同出而异名，同谓之玄，玄之又玄，众妙之门。

第二章

天下皆知美之为美，斯恶已；皆知善之为善，斯不善已。故有无相生，难易相成，长短相较，高下相倾，音声相和，前后相随。是以圣人处无为之事，行不言之教，万物作焉而不辞，生而不有，为而不恃，功成而弗居。夫唯弗居，是以不去。

第三章

不尚贤，使民不争；不贵难得之货，使民不为盗；不见可欲，使民心不乱。是以圣人之治，虚其心，实其腹；弱其志，强其骨。常使民无知无欲，使夫智者不敢为也。为无为，则无不治。

第四章

道，冲而用之或不盈，渊兮似万物之宗。挫其锐，解其纷，和其光，同其尘。湛兮似或存，吾不知谁之子，象帝之先。

第五章

天地不仁，以万物为刍狗；圣人不仁，以百姓为刍狗。天地之间，其犹橐龠乎？虚而不屈，动而愈出。多言数穷，不如守中。

第六章

谷神不死，是谓玄牝，玄牝之门，是谓天地根。绵绵若存，用之不勤。

第七章

天长地久。天地所以能长且久者，以其不自生，故能长生。是以圣人后其身而身先，外其身而身存。非以其无私邪？故能成其私。

第八章

上善若水。水善利万物而不争，处众人之所恶，故几于道。

居善地，心善渊，与善仁，言善信，正善治，事善能，动善时。夫唯不争，故无尤。

第九章

持而盈之，不如其已。揣而锐之，不可长保。金玉满堂，莫之能守。富贵而骄，自遗其咎。功遂身退，天之道。

第十章

载营魄抱一，能无离乎？专气致柔，能婴儿乎？涤除玄览，能无疵乎？爱民治国，能无知乎？天门开阖，能无雌乎？明白四达，能无为乎？生之、畜之，生而不有，为而不恃，长而不宰，是谓玄德。

第十一章

三十辐共一毂，当其无，有车之用。埏埴以为器，当其无，有器之用。凿户牖以为室，当其无，有室之用。故有之以为利，无之以为用。

第十二章

五色令人目盲，五音令人耳聋，五味令人口爽，驰骋畋猎令人心发狂，难得之货令人行妨。是以圣人为腹不为目，故去彼取此。

第十三章

宠辱若惊，贵大患若身。何谓宠辱若惊？宠，为下得之若惊，失之若惊，是谓宠辱若惊。何谓贵大患若身？吾所以有大患者，为吾有身，及吾无身，吾有何患！故贵以身为天下，若可寄天下；爱以身为天下，若可托天下。

第十四章

视之不见名曰夷，听之不闻名曰希，搏之不得名曰微。此三者不可致诘，故混而为一。其上不曒，其下不昧。绳绳不可名，复归于无物。是谓无状之状、无物之象。是谓惚恍。迎之不见其首，随之不见其后。执古之道，以御今之有，能知古始，是谓道纪。

第十五章

古之善为士者，微妙玄通，深不可识。夫唯不可识，故强为之容。豫焉若冬涉川，犹兮若畏四邻，俨兮其若容，涣兮若冰之将释，敦兮其若朴，旷兮其若谷，混兮其若浊。孰能浊以静之徐清？孰能安以久动之徐生？保此道者不欲盈，夫唯不盈，故能蔽不新成。

第十六章

致虚极，守静笃，万物并作，吾以观复。夫物芸芸，各复归其根。归根曰静，是谓复命。复命曰常，知常曰明。不知常，妄作,凶。知常容,容乃公,公乃王,王乃天,天乃道,道乃久。没身不殆。

第十七章

太上,下知有之。其次,亲而誉之。其次,畏之。其次,侮之。信不足,焉有不信焉。悠兮其贵言。功成事遂,百姓皆谓我自然。

第十八章

大道废,有仁义;智慧出,有大伪;六亲不和,有孝慈;国家昏乱,有忠臣。

第十九章

绝圣弃智,民利百倍;绝仁弃义,民复孝慈;绝巧弃利,盗贼无有。此三者,以为文不足,故令有所属:见素抱朴,少私寡欲。

第二十章

绝学无忧。唯之与阿,相去几何?善之与恶,相去若何?人之所畏,不可不畏。荒兮其未央哉!众人熙熙,如享太牢,如春登台。我独泊兮其未兆,如婴儿之未孩。累累兮若无所归。众人皆有余,而我独若遗。我愚人之心也哉!沌沌兮!俗人昭昭,我独昏昏;俗人察察,我独闷闷。澹兮其若海,飂兮若无止。众人皆有以，而我独顽似鄙。我独异于人，而贵食母。

第二十一章

孔德之容，惟道是从。道之为物，惟恍惟惚。惚兮恍兮，其中有象；恍兮惚兮，其中有物。窈兮冥兮，其中有精；其精甚真，其中有信。自古及今，其名不去，以阅众甫。吾何以知众甫之状哉？以此。

第二十二章

曲则全，枉则直，洼则盈，敝则新，少则得，多则惑。是以圣人抱一，为天下式。不自见故明，不自是故彰，不自伐故有功，不自矜故长。夫唯不争，故天下莫能与之争。古之所谓曲则全者，岂虚言哉！诚全而归之。

第二十三章

希言自然。故飘风不终朝，骤雨不终日。孰为此者？天地。天地尚不能久，而况于人乎？故从事于道者，道者同于道，德者同于德，失者同于失。同于道者，道亦乐得之；同于德者，德亦乐得之；同于失者，失亦乐得之。信不足，焉有不信焉。

第二十四章

企者不立，跨者不行，自见者不明，自是者不彰，自伐者无功，自矜者不长。其在道也，曰余食赘行。物或恶之，故有道者不处。

第二十五章

有物混成,先天地生。寂兮寥兮,独立而不改,周行而不殆,可以为天下母。吾不知其名,字之曰道,强为之名曰大。大曰逝,逝曰远,远曰反。故道大,天大,地大,王亦大。域中有四大,而王居其一焉。人法地,地法天,天法道,道法自然。

第二十六章

重为轻根,静为躁君。是以圣人终日行不离辎重。虽有荣观,燕处超然,奈何万乘之主,而以身轻天下?轻则失本,躁则失君。

第二十七章

善行无辙迹,善言无瑕谪,善数不用筹策,善闭无关楗而不可开,善结无绳约而不可解。是以圣人常善救人,故无弃人;常善救物,故无弃物,是谓袭明。故善人者,不善人之师;不善人者,善人之资。不贵其师,不爱其资,虽智大迷,是谓要妙。

第二十八章

知其雄,守其雌,为天下谿。为天下谿,常德不离,复归于婴儿。知其白,守其黑,为天下式。为天下式,常德不忒,复归于无极。知其荣,守其辱,为天下谷。为天下谷,常德乃足，复归于朴。朴散则为器，圣人用之则为官长。故大制不割。

第二十九章

将欲取天下而为之，吾见其不得已。天下神器，不可为也。为者败之，执者失之。故物或行或随，或歔或吹，或强或羸，或挫或隳。是以圣人去甚、去奢、去泰。

第三十章

以道佐人主者，不以兵强天下，其事好还。师之所处，荆棘生焉。大军之后，必有凶年。善有果而已，不敢以取强。果而勿矜，果而勿伐，果而勿骄，果而不得已，果而勿强。物壮则老，是谓不道，不道早已。

第三十一章

夫佳兵者，不祥之器。物或恶之，故有道者不处。君子居则贵左，用兵则贵右。兵者，不祥之器，非君子之器。不得已而用之，恬淡为上，胜而不美。而美之者，是乐杀人。夫乐杀人者，则不可以得志于天下矣。吉事尚左，凶事尚右。偏将军居左，上将军居右，言以丧礼处之。杀人之众，以哀悲泣之。战胜，以丧礼处之。

第三十二章

道常无名，朴虽小，天下莫能臣也。侯王若能守之，万物将自宾。天地相合以降甘露，民莫之令而自均。始制有名，名亦既有，夫亦将知止，知止可以不殆。譬道之在天下，犹川谷之于江海。

第三十三章

知人者智，自知者明。胜人者有力，自胜者强。知足者富，强行者有志，不失其所者久，死而不亡者寿。

第三十四章

大道汜兮，其可左右。万物恃之而生而不辞，功成不名有，衣养万物而不为主。常无欲，可名于小；万物归焉而不为主，可名为大。以其终不自为大，故能成其大。

第三十五章

执大象，天下往；往而不害，安平太。乐与饵，过客止。道之出口，淡乎其无味，视之不足见，听之不足闻，用之不足既。

第三十六章

将欲歙之，必固张之；将欲弱之，必固强之；将欲废之，必固兴之；将欲夺之，必固与之，是谓微明。柔弱胜刚强。鱼不可脱于渊，国之利器不可以示人。

第三十七章

道常无为，而无不为，侯王若能守之，万物将自化。化而欲作，吾将镇之以无名之朴。无名之朴，夫亦将无欲。不欲以静，天下将自定。

第三十八章

上德不德，是以有德；下德不失德，是以无德。上德无为而无以为，下德为之而有以为。上仁为之而无以为，上义为之而有以为，上礼为之而莫之应，则攘臂而扔之。故失道而后德，失德而后仁，失仁而后义，失义而后礼。夫礼者，忠信之薄而乱之首。前识者，道之华而愚之始。是以大丈夫处其厚，不居其薄；处其实，不居其华。故去彼取此。

第三十九章

昔之得一者，天得一以清，地得一以宁，神得一以灵，谷得一以盈，万物得一以生，侯王得一以为天下贞。其致之。天无以清将恐裂，地无以宁将恐发，神无以灵将恐歇，谷无以盈将恐竭，万物无以生将恐灭，侯王无以贵高将恐蹶。故贵以贱为本，高以下为基。是以侯王自谓孤、寡、不谷。此非以贱为本邪？非乎？故致数舆无舆。不欲琭琭如玉、珞珞如石。

第四十章

反者，道之动；弱者，道之用。天下万物生于有，有生于无。

第四十一章

上士闻道，勤而行之；中士闻道，若存若亡；下士闻道，大笑之，不笑不足以为道。故建言有之：明道若昧，进道若退，夷道若颣。上德若谷，大白若辱，广德若不足，建德若偷，质真若渝。大方无隅，大器晚成，大音希声，大象无形，道隐无名，夫唯道善贷且成。

第四十二章

道生一，一生二，二生三，三生万物。万物负阴而抱阳，冲气以为和。人之所恶，唯孤、寡、不谷，而王公以为称。故物，或损之而益，或益之而损。人之所教，我亦教之。强梁者不得其死，吾将以为教父。

第四十三章

天下之至柔，驰骋天下之至坚，无有入无间，吾是以知无为之有益。不言之教，无为之益，天下希及之。

第四十四章

名与身孰亲？身与货孰多？得与亡孰病？是故甚爱必大费，多藏必厚亡。知足不辱，知止不殆，可以长久。

第四十五章

大成若缺，其用不弊；大盈若冲，其用不穷。大直若屈，大巧若拙，大辩若讷。躁胜寒，静胜热，清静为天下正。

第四十六章

天下有道，却走马以粪；天下无道，戎马生于郊。祸莫大于不知足，咎莫大于欲得。故知足之足，常足矣。

第四十七章

不出户，知天下；不窥牖，见天道。其出弥远，其知弥少。是以圣人不行而知，不见而名，不为而成。

第四十八章

为学日益，为道日损。损之又损，以至于无为。无为而无不为。取天下常以无事，及其有事，不足以取天下。

第四十九章

圣人无常心，以百姓心为心。善者，吾善之；不善者，吾亦善之，德善。信者，吾信之；不信者，吾亦信之，德信。圣人在天下歙歙，为天下浑其心。圣人皆孩之。

第五十章

出生入死。生之徒十有三，死之徒十有三，人之生动之死地，亦十有三。夫何故？以其生生之厚。盖闻善摄生者，陆行不遇兕虎，入军不被甲兵，兕无所投其角，虎无所措其爪，兵无所容其刃。夫何故？以其无死地。

第五十一章

道生之，德畜之，物形之，势成之。是以万物莫不尊道而贵德。道之尊，德之贵，夫莫之命而常自然。故道生之，德畜之：长之、育之、亭之、毒之、养之、覆之。生而不有，为而不恃，长而不宰，是谓玄德。

第五十二章

天下有始，以为天下母。既得其母，以知其子；既知其子，复守其母，没身不殆。塞其兑，闭其门，终身不勤。开其兑，济其事，终身不救。见小曰明，守柔曰强。用其光，复归其明，无遗身殃，是谓习常。

第五十三章

使我介然有知，行于大道，唯施是畏。大道甚夷，而民好径。朝甚除，田甚芜，仓甚虚。服文彩，带利剑，厌饮食，财货有余，是谓盗夸。非道也哉！

第五十四章

善建者不拔，善抱者不脱，子孙以祭祀不辍。修之于身，其德乃真；修之于家，其德乃余；修之于乡，其德乃长；修之于国，其德乃丰；修之于天下，其德乃普。故以身观身，以家观家,以乡观乡,以国观国,以天下观天下。吾何以知天下然哉?以此。

第五十五章

含德之厚,比于赤子。蜂虿虺蛇不螫,猛兽不据,攫鸟不搏。骨弱筋柔而握固,未知牝牡之合而全作,精之至也。终日号而不嗄,和之至也。知和曰常,知常曰明,益生曰祥,心使气曰强。物壮则老,谓之不道,不道早已。

第五十六章

知者不言,言者不知。塞其兑,闭其门,挫其锐,解其分,和其光,同其尘,是谓玄同。故不可得而亲,不可得而疏;不可得而利,不可得而害;不可得而贵,不可得而贱,故为天下贵。

第五十七章

以正治国,以奇用兵,以无事取天下。吾何以知其然哉?以此。天下多忌讳,而民弥贫;民多利器,国家滋昏;人多伎巧,奇物滋起;法令滋彰,盗贼多有。故圣人云,我无为而民自化,我好静而民自正,我无事而民自富,我无欲而民自朴。

第五十八章

其政闷闷,其民淳淳;其政察察,其民缺缺。祸兮福之所倚，福兮祸之所伏。孰知其极？其无正？正复为奇，善复为妖。人之迷，其日固久。是以圣人方而不割，廉而不刿，直而不肆，光而不耀。

第五十九章

治人事天莫若啬。夫唯啬，是谓早服。早服谓之重积德。重积德则无不克，无不克则莫知其极，莫知其极，可以有国。有国之母，可以长久。是谓深根固柢，长生久视之道。

第六十章

治大国若烹小鲜。以道莅天下，其鬼不神；非其鬼不神，其神不伤人；非其神不伤人，圣人亦不伤人。夫两不相伤，故德交归焉。

第六十一章

大国者下流。天下之交，天下之牝。牝常以静胜牡，以静为下。故大国以下小国，则取小国；小国以下大国，则取大国。故或下以取，或下而取。大国不过欲兼畜人，小国不过欲入事人，夫两者各得其所欲，大者宜为下。

第六十二章

道者万物之奥，善人之宝，不善人之所保。美言可以市，尊行可以加人。人之不善，何弃之有！故立天子，置三公，虽有拱璧以先驷马，不如坐进此道。古之所以贵此道者何？不曰以求得，有罪以免邪？故为天下贵。

第六十三章

为无为，事无事，味无味。大小多少，报怨以德。图难于其易，为大于其细。天下难事必作于易，天下大事必作于细。是以圣人终不为大，故能成其大。夫轻诺必寡信，多易必多难。是以圣人犹难之。故终无难矣。

第六十四章

其安易持，其未兆易谋，其脆易泮，其微易散。为之于未有，治之于未乱。合抱之木，生于毫末；九层之台，起于累土；千里之行，始于足下。为者败之，执者失之。是以圣人无为，故无败；无执，故无失。民之从事，常于几成而败之。慎终如始，则无败事。是以圣人欲不欲，不贵难得之货。学不学，复众人之所过。以辅万物之自然，而不敢为。

第六十五章

古之善为道者，非以明民，将以愚之。民之难治，以其智多。故以智治国，国之贼；不以智治国，国之福。知此两者，亦稽式。常知稽式，是谓玄德。玄德深矣，远矣，与物反矣，然后乃至大顺。

第六十六章

江海所以能为百谷王者，以其善下之，故能为百谷王。是以欲上民，必以言下之；欲先民，必以身后之。是以圣人处上而民不重，处前而民不害，是以天下乐推而不厌。以其不争，故天下莫能与之争。

第六十七章

天下皆谓我道大，似不肖。夫唯大，故似不肖。若肖，久矣其细也夫！我有三宝，持而保之。一曰慈，二曰俭，三曰不敢为天下先。慈，故能勇；俭，故能广，不敢为天下先，故能成器长。今舍慈且勇，舍俭且广，舍后且先，死矣！夫慈，以战则胜，以守则固，天将救之，以慈卫之。

第六十八章

善为士者不武，善战者不怒，善胜敌者不与，善用人者为之下，是谓不争之德，是谓用人之力，是谓配天古之极。

第六十九章

用兵有言：吾不敢为主而为客，不敢进寸而退尺。是谓行无行，攘无臂，扔无敌，执无兵。祸莫大于轻敌，轻敌几丧吾宝。故抗兵相加，哀者胜矣。

第七十章

吾言甚易知，甚易行，天下莫能知，莫能行。言有宗，事有君。夫唯无知，是以不我知。知我者希，则我者贵，是以圣人被褐怀玉。

第七十一章

知不知,上;不知知,病。夫唯病病,是以不病。圣人不病,以其病病,是以不病。

第七十二章

民不畏威,则大威至。无狎其所居,无厌其所生。夫唯不厌,是以不厌。是以圣人自知,不自见,自爱,不自贵。故去彼取此。

第七十三章

勇于敢则杀,勇于不敢则活。此两者,或利或害。天之所恶,孰知其故?是以圣人犹难之。天之道,不争而善胜,不言而善应,不召而自来,繟然而善谋。天网恢恢,疏而不失。

第七十四章

民不畏死,奈何以死惧之!若使民常畏死,而为奇者吾得执而杀之,孰敢?常有司杀者杀。夫代司杀者杀,是谓代大匠斲。夫代大匠斲者,希有不伤其手矣。

第七十五章

民之饥,以其上食税之多,是以饥。民之难治,以其上之有为,是以难治。民之轻死,以其求生之厚,是以轻死。夫唯无以生为者,是贤于贵生。

第七十六章

人之生也柔弱,其死也坚强。万物草木之生也柔脆,其死也枯槁。故坚强者死之徒,柔弱者生之徒。是以兵强则不胜,木强则兵。强大处下,柔弱处上。

第七十七章

天之道,其犹张弓与!高者抑之,下者举之;有余者损之,不足者补之。天之道,损有余而补不足。人之道则不然,损不足以奉有余。孰能有余以奉天下?唯有道者。是以圣人为而不恃,功成而不处,其不欲见贤。

第七十八章

天下莫柔弱于水,而攻坚强者莫之能胜,其无以易之。弱之胜强,柔之胜刚,天下莫不知,莫能行。是以圣人云:受国之垢,是谓社稷主;受国不祥,是为天下王。正言若反。

第七十九章

和大怨,必有余怨,安可以为善?是以圣人执左契,而不责于人。有德司契,无德司彻。天道无亲,常与善人。

第八十章

小国寡民,使有什伯之器而不用,使民重死而不远徙。虽有舟舆,无所乘之;虽有甲兵,无所陈之;使人复结绳而用之。甘其食,美其服,安其居,乐其俗。邻国相望,鸡犬之声相闻,民至老死不相往来。

第八十一章

信言不美,美言不信;善者不辩,辩者不善;知者不博,博者不知。圣人不积,既以为人,己愈有,既以与人,己愈多。天之道,利而不害。圣人之道,为而不争。